Stimmen zum Buch

»Satish Kumar verkörpert in seinem Leben und in seinen Lehren die Eleganz der Einfachheit.«

Deepak Chopra

»Ein bemerkenswerter und bahnbrechender Pädagoge... Satish Kumar ist seit über vierzig Jahren eine Inspiration für mich, und ich freue mich, dass seine spirituelle Kraft und Klarheit nun in einem Buch mit dem treffenden Titel Die Kraft der radikalen Liebe verewigt sind.«

Joanna Macy,
Autorin von *Welt als Liebhaber, Welt als Selbst*

»Satish Kumar ist der Weise der Tiefenökologie.«

Fritjof Capra,
Autor von *Das Tao der Physik*

»Satish Kumar ist einer unserer bemerkenswertesten Mitmenschen. Seine Einsichten werden Sie dazu bringen, Ihr Leben zu überdenken und zu überlegen, wie Sie es ändern können. Kraftvoll.«

Bill McKibben,
Gründer von 350.org

»In einer Zeit, die von Konsumwahn, Einsamkeit und Entfremdung geprägt ist, ist Kumars Botschaft ein aufmunterndes Geschenk, das ein willkommenes Gegenmittel darstellt.«

David Suzuki, preisgekrönter Genetiker, Autor, Rundfunksprecher und Umweltaktivist

»Satish Kumar ist einer der überzeugendsten Verfechter der Natur und des Friedens.«

Isabella Tree, Autorin von *Wildes Land*

»Satish Kumar sollte in einem Ältestenrat sitzen und uns mit echter Weisheit zu der Utopie führen, von der er uns gezeigt hat, dass sie möglich ist.«

Russell Brand, Comedian und Autor von *Recovery: Freedom from Our Addictions*

SATISH KUMAR

Die Kraft der radikalen Liebe

SATISH KUMAR ist GRÜNDER des Schumacher College und EDITOR EMERITUS von *Resurgence & Ecologist*

Es gibt heute unbedingt viele gute Gründe, das weibliche Geschlecht wieder besser sichtbar zu machen. Dies ist seit mehr als 40 Jahren auch Anliegen unseres Verlages. Ob dies durch Gendern erreicht wird, darf man jedoch hinterfragen, immerhin geht es um unsere *Mutter*sprache. Sicher ist, dass der grammatische Genus nichts über das Geschlecht (Sexus) aussagt. Deswegen halten wir uns als Verlag beim Gendern bewusst zurück. Ausführliche Begründung dazu unter www.neue-erde.de/derdiedas

SATISH KUMAR

DIE KRAFT DER RADIKALEN LIEBE

Zu einer Neuverbindung mit der Erde, mit anderen und mit uns selbst

Bücher haben feste Preise.
1. Auflage 2024

Satish Kumar
Die Kraft der radikalen Liebe

Der Titel des englischen Originals lautet »Radical Love: From Separation to Connection with the Earth, Each Other, and Ourselves«.
Übersetzt aus dem Englischen von Andreas Lentz.

Umschlag:
Illustration: Yuliia Druzenko/shutterstock.com
Gestaltung: Jess Morphew und Dragon Design, GB

Lektorat: Laura Spies

Satz und Gestaltung:
Dragon Design, GB
Gesetzt aus der Palatino

Gesamtherstellung: Appel & Klinger, Schneckenlohe
Printed in Germany

ISBN 978-3-89060-861-7

Neue Erde GmbH
Cecilienstr. 29 · 66111 Saarbrücken
Deutschland · Planet Erde
www.neue-erde.de

Alle guten Gedanken,
Worte und Taten sind
von Liebe durchdrungen!

Für Vinoba Bhave

INHALT

TEIL DREI

Radikale Liebe für uns selbst und andere

Lass dich still
von der stärkeren
Kraft dessen leiten,
was du wirklich liebst.

RUMI

EINFÜHRUNG

Radikale Liebe in einer Zeit der Krise

Wähle in jeder Krise den edleren Weg,
den Weg des Mitgefühls, des Mutes und der Liebe.

AMIT RAY

Schwerkraft und Liebe sind zwei Aspekte der einen Wirklichkeit. Sie sind die organisierenden Prinzipien auf unserem kostbaren Planeten und in unserem erstaunlichen Universum. Die Schwerkraft beherrscht die physische, unsere äußere Welt. Die Liebe hat die Herrschaft über die metaphysische, unsere innere Welt. Die Schwerkraft erhält unsere materielle Existenz, während die Liebe unsere geistige Existenz nährt. Die Schwerkraft ist für den Körper, was die Liebe für Herz, Seele und Bewusstsein ist. Die Schwerkraft bezieht sich auf das, was man messen kann, während die Liebe sich auf das bezieht, was man sich vorstellen kann. Schwerkraft erhält die Materie, Liebe gibt ihr einen Sinn. Letzten Endes wird alles von der Liebe zusammengehalten.

Liebe ist schwer zu definieren, doch hat jeder von uns tief in seinem Herzen ein Gefühl dafür, was Liebe bedeutet. Für mich ist Liebe die Quelle aller guten und fruchtbaren Beziehungen. Liebe bietet eine solide Grundlage für Familie, Freundschaft, Gemeinschaft und Kameradschaft. Aus Liebe erwachsen Mitgefühl, Freundlichkeit, Fürsorge, Edelmut und Zusammenhalt. Aus Liebe erwachsen Menschlichkeit, Demut, Gastfreundschaft und Harmonie.

Ein Mangel an Liebe führt zu Krieg, Hader, Wettbewerb und Ausbeutung, zu Vorherrschaft über Menschen und die Natur sowie zu ihrer Unterwerfung. Militarismus, Wettrüsten, Unsicherheit und Rivalität aller Art entstehen überall dort, wo es an Liebe fehlt. Wo es keine Liebe gibt, gibt es Armut, Ungleichheit, Ungerechtigkeit, Rassentrennung und Diskriminierung aufgrund von Kaste oder Klasse. Die dunklen Wolken des engstirnigen Nationalismus, des erbärmlichen Rassismus und des erniedrigenden Sexismus, sie alle werden vom Licht der Liebe vertrieben. In der Liebe finden wir das Ende von Abgrenzung und Isolation. Mit Liebe beginnt Verbindung und Austausch. Liebe schafft Einheit und Gemeinschaft.

Ich habe festgestellt, dass Liebe allein die Lösung für jedes Problem ist. Was auch immer die Frage ist, Liebe ist die vollkommene Antwort. Mit der Heilkraft der Liebe können Krankheitsbilder wie Stolz, Gier, Wut und Angst behandelt werden. Liebe ist die Medizin für ein Übermaß an Ego und Angst, für Depression und Verzweiflung. Ein Leben ohne Liebe ist wie ein Brunnen ohne Wasser, ein Körper ohne Seele oder Worte ohne Sinn. Zu lieben ist der wahre Sinn des Lebens. Wenn ich in Liebe lebe, gelange ich von Gier zu Dankbarkeit, von Besitz zu Beziehung, von trügerischem Glanz zu wahrer Anmut und von Anhaftung zu Mitwirkung.

Ich persönlich bin im Laufe meines Lebens von unzähligen Menschen mit unermesslicher, bedingungsloser Liebe gesegnet und beschenkt worden. Alle Teile meines Körpers, meines Geistes und meiner Seele wurden von dieser Fülle der Liebe genährt. Meine geliebte Lebensgefährtin, June, war mir über die letzten fünfzig Jahre ein Quell der Liebe. Wir lernten uns 1971 in der Krypta von

St. Martin-in-the-Fields am Trafalgar Square in London kennen. Ich habe mich auf den ersten Blick in sie verliebt. Damals war ich auf einem Kurzbesuch in Europa und hatte ein Rückflugticket in meiner Tasche. Nach meiner Begegnung mit June stornierte ich das Ticket, gab mein Leben in Indien auf und ließ mich mit ihr in London nieder. Gemeinsam lasen wir Gedichte, redigierten wir, gärtnerten wir, kochten wir und gingen wir zusammen spazieren. Mit June wurde die Liebe in meinem Leben zur lebendigen Wirklichkeit.

Bei allen großen Lehrern und Sozialreformern von der Antike bis in unsere Zeit gibt es das eine Thema: die Liebe. Von Buddha bis Jesus Christus, von Mahavira bis Mohammed, von Lao Tse bis zum Dalai Lama, von Mutter Theresa bis Martin Luther King, von Mahatma Gandhi bis Nelson Mandela und von Joan Baez bis John Lennon, sie alle haben ihre Lehren in einem Wort zusammengefasst: Liebe.

Liebe ist mehr als ein religiöses oder spirituelles Ideal. Liebe ist ein Quell menschlicher Phantasie. Große Dichter und Maler haben sich schon immer von Liebe inspirieren lassen. Shakespeare fasste seine Leidenschaft nicht nur in 154 Sonetten, sondern auch in den zahllosen Varianten, mit denen er die Macht der Liebe in seinen Theaterstücken zum Ausdruck brachte. Von Tolstoi bis Tagore, von Goethe bis Goya, von Puschkin bis Picasso, von Blake bis Botticelli, von Rumi bis Ruskin – die Liste der Schriftsteller, Dichter und Künstler, die von Liebe inspiriert und angeregt wurden, ist endlos. Ob es sich um Liebe zur Natur, zur Menschheit oder zu Gott handelte, Liebe ist der Samen, aus dem die Bäume der Literatur und Kunst gewachsen sind. Es ist die Liebe, die uns in den besten und in den schlechtesten Zeiten nährt. Heute, da die Existenz der gesamten Menschheit bedroht ist, erleben wir eine Zeit, in der Liebe den entscheidenden Unterschied ausmachen kann.

Das Jahr 2020 wird als das Jahr von COVID-19 in die Geschichte eingehen – es war das Jahr der sozialen Distanzierung und der Lockdowns, man musste im Haus bleiben, auch wenn die Sonne schien, die Blumen blühten und die Vögel ihre süßen Lieder sangen. Ich habe diese Zeit der Quarantäne oder Selbstisolation als Segen empfunden: als eine Zeit des spirituellen Rückzugs und der Reflexion. Ich las Rumi und Hafiz. Ich las Shakespeares Sonette. Ich las Rabindranath Tagore. Ich habe überlegt, woher das Wort *Quarantäne kommt* und was es mit der Fastenzeit zu tun hat. Ich fand heraus, dass sich *Quarantäne* ursprünglich auf die vierzig Tage bezog, die Jesus Christus in der Wüste fastete.

Trotz der Gelegenheit zum stillen Nachdenken hat es mich schwer getroffen, in der Welt so viel Leid zu sehen; es war eine noch nie dagewesene Krise. Im Jahr 2020 war ich 83 Jahre alt, und ich hatte in meinem ganzen Leben noch nie eine so drastische und schreckliche Situation erlebt. Diese Krise war schlimmer als der Krieg, den ich erlebt hatte. Kriege werden von Menschen ausgelöst und können von Menschen geführt oder beendet werden. Aber COVID-19 war eine Machtdemonstration der Natur, weit außerhalb menschlicher Kontrolle. Viele Menschen glauben, dass wir durch Wissenschaft und Technik die Natur bezwingen können. Aber durch das neuartige Coronavirus hat die Natur überdeutlich bewiesen, dass all das Gerede, der Mensch könne sie beherrschen, bloß menschlicher Hochmut ist. COVID-19 hat uns unmissverständlich vor Augen geführt, wie verletzlich der Mensch in Wirklichkeit ist.

Der Wunsch des Menschen, die Natur zu erobern, entspringt der Überzeugung, dass der Mensch von der Natur getrennt sei und wir ihr überlegen seien. Dieses dualistische Denken ist der Grund, warum es uns nicht gelingt, mit all den Naturkatastrophen fertigzuwerden, mit denen wir derzeit zu tun haben, etwa dem Waldsterben, den Überschwemmungen, der globalen Erwärmung und Pandemien. Wir scheinen zu glauben, dass wir technische Lösungen finden können, um die Natur zu steuern und sie uns untertan zu machen. Anstatt sich mit den eigentlichen Ursachen von COVID-19 zu befassen, suchen Regierungen, Industrie und Wissenschaft nach Impfstoffen, um die Krankheit zu bekämpfen. Auch wenn Impfstoffe eine vorübergehende Lösung sein mögen, müssen wir klüger und weiser denken und handeln. Anstatt nur zu impfen, um die Symptome zu lindern, müssen wir die Ursachen der Krankheit angehen.

Laura Spinney, Wissenschaftsjournalistin und Autorin des Buches *1918 Die Welt im Fieber*, antwortet auf die Frage, warum das Auftreten von Infektionen durch Erreger tierischen Ursprungs beim Menschen in den letzten Jahrzehnten zugenommen hat, dass »die Kräfte, die uns diese Viren bringen, politischer und wirtschaftlicher Natur sind. Sie haben mit dem Aufstieg der industriellen Landwirtschaft und der daraus resultierenden Marginalisierung von Millionen von Kleinbauern zu tun. Die sind folglich gezwungen, näher an unerschlossene Gebiete wie Wälder heranzurücken, in denen zum Beispiel Fledermäuse – Überträger des Coronavirus – lauern.«

Wenn wir die Ursachen von COVID-19 bekämpfen wollen und nicht nur die Symptome, müssen wir zu einer ökologisch regenerativen Landwirtschaft zurückkehren, zu lokalen, kohlenstoffarmen und ökologischen Anbaumethoden in menschlichem Maßstab. Lebensmittel sind keine Handelsware. Die Landwirtschaft sollte nicht finanziellen Gewinnen dienen. Sinn und Zweck der Landwirtschaft ist, die Menschen mit gesunden Lebensmitteln zu versorgen. Das Ziel der Landwirtschaft ist es, nahrhafte Lebensmittel zu erzeugen, ohne die Gesundheit des Bodens zu beeinträchtigen. Eine Landwirtschaft, die bloß dem Profit dient, führt direkt oder indirekt zu Corona!

Um die Ursachen von COVID-19 anzugehen, müssen wir lernen, in Harmonie mit der Natur zu leben und die Naturgesetze zu befolgen. Der Mensch ist genauso ein Teil der Natur wie jede andere Lebensform. Daher ist ein Leben im Einklang mit der Natur das dringende Gebot unserer Zeit und die allererste Lektion, die alle Menschen aus der COVID-19-Krise lernen müssen. Die zweite Lektion ist, dass jede menschliche Handlung Konsequenzen hat. In den letzten hundert Jahren haben menschliche Aktivitäten sowohl zu einem Rückgang der biologischen Vielfalt als auch zu einem Anstieg der Treibhausgasemissionen und damit zur Klimazerrüttung geführt. Aufgrund menschlicher Aktivitäten sind die Ozeane durch Plastik verseucht und die Böden mit künstlichen Chemikalien vergiftet, und die Regenwälder verschwinden in einem noch nie dagewesenen Tempo. All diese negativen menschlichen Aktivitäten werden zwangsläufig zu katastrophalen Folgen wie Überschwemmungen, Waldsterben und Pandemien führen.

Die moderne Zivilisation hat der Natur unsägliches Leid und immensen Schaden zugefügt. Jetzt sehen wir die Folgen. Wir müssen uns ändern. Wir müssen uns weiterentwickeln und zu einer neuen Weltsicht finden. Um die Gesundheit der Menschen wiederherzustellen, müssen wir die Gesundheit unseres kostbaren Planeten Erde wiederherstellen. Die Heilung der Menschen und die Heilung der Natur sind nicht zu trennen. Mit COVID-19 hat uns die Natur eine deutliche Botschaft übermittelt. Wir müssen tun, was wir können, um die Erde zu heilen. Nur positive Handlungen führen zu positiven Ergebnissen, das ist das Gesetz des Karmas.

Die Dreifaltigkeit von Markt, Geld und Materialismus hat das moderne Denken schon viel zu lange beherrscht. Jetzt ist es an der Zeit, langsamer zu werden und in Demut auf die Stimme der Natur, die Stimme der Erde, zu hören. Wir müssen diese alte Dreifaltigkeit durch eine neue ersetzen: die Dreifaltigkeit von Boden, Seele und Gesellschaft. Wir müssen ein Zeitalter der Ökologie einläuten, der Ökologie der Liebe.

Die Menschheit muss positiv auf diese Krise reagieren und sie als Chance nutzen, um unsere landwirtschaftlichen, ökonomischen und politischen Systeme und unsere Lebensweise neu zu gestalten. Wir müssen lernen, die Wildnis zu respektieren. Wir müssen lernen, die üppige Schönheit und Vielfalt des Lebens zu feiern. Wir müssen erkennen, dass der Mensch ein integraler Bestandteil der

Natur ist. Was wir der Natur antun, tun wir uns selbst an. Wir sind alle miteinander verbunden und aufeinander angewiesen. Wir sind voneinander abhängig. Wir sind Mitglieder einer Erdgemeinschaft und einer irdischen Familie.

Wenn diese Weltsicht zu einem integralen Bestandteil unseres kollektiven Bewusstseins und unsere Liebe zur Erde zum Organisationsprinzip der Mainstream-Gesellschaft wird, dann wird es andere Prioritäten und Werte geben. Anstelle von Wirtschaftswachstum um jeden Preis werden wir ein Wachstum des Wohlbefindens der Menschen und der Gesundheit unseres Planeten anstreben. Der Dichter und Romancier Ben Okri schrieb: »Die wahre Tragödie wäre, wenn wir diese Pandemie hinter uns lassen, ohne uns zum Besseren zu verändern. Es wäre so, als ob all die Todesfälle und all das Leid sinnlos gewesen wären.«

Nach dieser Pandemie wieder zur Tagesordnung überzugehen, darf keine Option sein. Vor COVID-19 war unsere Gesellschaft bereits von der Pandemie eines Gier-Virus befallen. Und aufgrund dieses Gier-Virus starben Wälder, Seen und Flüsse, starben Arten, starben Kinder, starben Arme, starben Kriegsopfer, starben Flüchtlinge. Tod und Zerstörung in großem Ausmaß waren die Folge des Gier-Virus.

Eine Krise ist zugleich eine Chance. Im evolutionären Prozess der Natur hat es viele Krisen gegeben. Das Leben hat sich über lange geologische Zeiträume hinweg durch Auseinandersetzungen entwickelt. Vielleicht haben wir diese schmerzhafte Pandemie erlebt, um ein neues Bewusstsein zu gebären, ein Bewusstsein der Einheit des Lebens, ein Bewusstsein der Fürsorge und des Teilens, ein Bewusstsein der Liebe.

Wir haben bereits einige wunderbare Zeichen dieses neuen Bewusstseins gesehen. Ärzte und Krankenschwestern auf der ganzen Welt haben sich in Lebensgefahr begeben, um den Opfern des neuen Coronavirus zu helfen. Sie waren leuchtende Beispiele für selbstloses Dienen. Hier im Vereinigten Königreich, wo ich lebe, haben sich Hunderttausende von einfachen Menschen freiwillig gemeldet, um dem nationalen Gesundheitsdienst zu helfen. Und unzählige Freiwillige in den Gemeinden haben sich um alte und kranke Menschen gekümmert. Überall auf der Welt haben die Regierungen steuerliche Regelungen erlassen, um Einzelpersonen, Gemeinschaften, Wohltätigkeitsorganisationen und Unternehmen zu helfen. Es gab eine Flut von Solidarität, Großzügigkeit und Gegenseitigkeit. Die Menschen haben ein Gefühl tiefer Zugehörigkeit, tiefgehender Dankbarkeit und bedingungsloser Liebe aus vielen Richtungen erfahren.

Viele Feindseligkeiten waren vergessen. Die Nationen arbeiteten zusammen, halfen und unterstützten sich im Geiste der gegenseitigen Hilfe, anstatt miteinander zu konkurrieren und gegeneinander zu kämpfen. Russland schickte Flugzeugladungen mit medizinischer Ausrüstung nach Italien. China tat dasselbe für Serbien. Wenn diese geistigen Qualitäten in außergewöhnlichen Zeiten zum Zuge kommen, warum dann nicht auch in gewöhnlichen Zeiten? Wenn wir in gewöhnlichen Zeiten kooperieren und zusammenarbeiten, einander lieben und respektieren, sind durch menschliches Verhalten verursachte außergewöhnliche Umstände weniger wahrscheinlich.

Neben dieser überbordenden Menschlichkeit konnten wir eine Verringerung der Umweltverschmutzung und eine teilweise Erholung der natürlichen Umwelt beobachten. In den Kanälen von Venedig wurden Delfine gesichtet, und über den Städten Bombay und Peking war klarer blauer Himmel zu sehen. Die Kohlenstoffemissionen gingen zurück, und Menschen und Tiere konnten wieder reine Luft atmen. Wenn wir in außergewöhnlichen Zeiten eine saubere Umwelt haben können, warum dann nicht auch in gewöhnlichen Zeiten?

Können wir zu hoffen wagen, dass Individuen, Gemeinschaften und Länder lernen, einander zu lieben, auf ihre Umwelt zu achten und eine neue Weltordnung zu schaffen, nachdem diese schreckliche COVID-19-Krise vorüber ist? Die indische Schriftstellerin Arundhati Roy erinnert uns daran: »In der Vergangenheit haben Pandemien die Menschen gezwungen, mit der Vergangenheit zu brechen und ihre Welt neu zu gestalten. Bei COVID-19 ist das nicht anders. Es ist ein Portal, ein Tor zwischen dieser Welt und der nächsten.«

Diese Erfahrung sollte uns das Vertrauen und den Mut schenken, entschlossen Maßnahmen zu ergreifen, um die Gesundheit der Natur und der Biosphäre zu schützen. Wir müssen uns daran erinnern, dass die Natur der Ast ist, auf dem wir sitzen. Wenn wir diesen Ast absägen, werden wir zwangsläufig fallen. Wenn wir COVID-19 hinter uns haben, sollten wir für den Planeten und seine Bewohner sorgen.

Ich bin mir der Herausforderungen bewusst. Es gibt Konzerne und Unternehmen, Regierungen und Firmen, die ein starkes Interesse am Status quo haben. Sozial- und Umweltaktivisten sind seit vielen Jahren tätig und warnen vor drohenden Krisen, aber es scheint viel zu oft niemand zuzuhören. Mehr als vierzig Jahre lang war ich Herausgeber von *Resurgence & Ecologist*, einer britischen Zweimonatszeitschrift, die sich mit Umweltfragen, Aktivismus, Philosophie, Kunst und ethischem Leben befasst. Die Botschaft von *Resurgence* [Wiederaufleben] ist Liebe: Liebe dich selbst, liebe die Menschen, liebe den Planeten, liebe die Natur. Die Artikel des Magazins sind vom Geist der Liebe getragen und fordern Sozial- und Umweltaktivisten auf, ihre Angst vor dem Untergang abzulegen und stattdessen aus Liebe zu handeln. Handelt, um Schönheit und Integrität zu bewahren. Aktivismus ist der Weg und nicht das Ziel.

Liebe ist Ausdruck unserer Spiritualität, unserer Vorstellungskraft und unserer Lebensweise. Aber Liebe ist zugleich ein praktisches und ökologisches Erfordernis. Mein Freund Deepak Chopra hat mir einmal gesagt, Umwelt und Natur seien unsere erweiterten Körper. Die Luft sei unser Atem, die Flüsse und Gewässer unser Kreislauf; und wenn wir uns nicht um unser ökologisches Selbst kümmern, riskieren wir den Untergang. Daraus folgt unter anderem, dass Liebe für unsere natürliche Umwelt die Voraussetzung für unser eigenes Überleben ist.

Von meiner Mutter Anchi bis zu meiner geliebten Frau June, von Mahatma Gandhi bis zu meinem Mentor Vinoba Bhave und von meinen Ökokriegermitstreitern bis zu den vielen Mitwirkenden an *Resurgence* habe ich eine Fülle von Liebe erfahren. Meine Seele wurde vom kühlen Monsun der Liebe durchtränkt. Was folgt, ist ein Destillat dieser Lehren und Erfahrungen, wie ich sie verstanden habe. Ich übergebe meinen Lesern dieses Buch demütig und mit all meiner Liebe.

SATISH KUMAR im Januar 2023

TEIL EINS

Liebe ist alles

Liebe herrscht nicht, sie hegt.

GOETHE

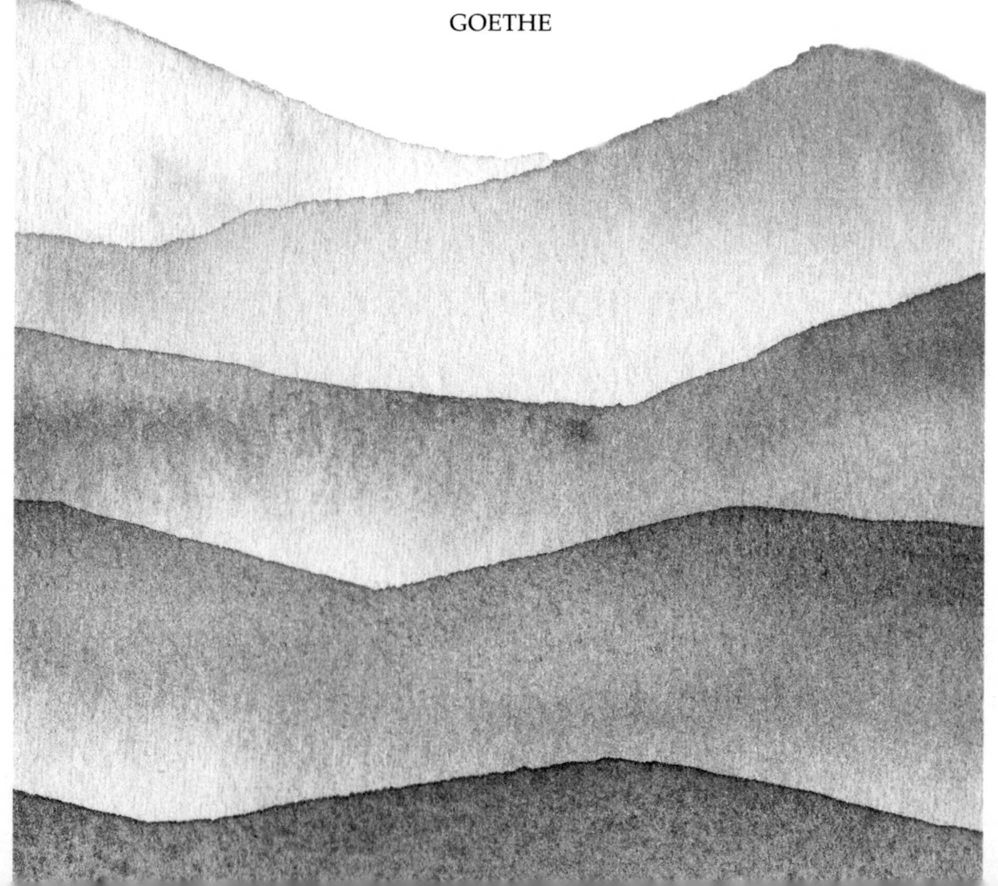

1

Ein Monsun der Liebe

Und wenn ich den ganzen Glauben habe,
um Berge zu versetzen, und habe der Liebe nicht,
so bin ich nichts.

1. KORINTHER 13:2

Das Leben ist eine Landschaft der Liebe, und Liebe ist die Feier des Lebens. Liebe ist das Mittel und Liebe ist der Zweck. Liebe ist unser Weg und sie ist unsere Bestimmung. Liebe ist das Ziel. Liebe ist eine Art zu sein. Liebe ist eine Art zu leben. Es gibt keinen Weg zur Liebe: Liebe ist der Weg.

Sich zu verlieben, ist kein einmaliges, sondern ein alltägliches Ereignis. Wenn wir verliebt sind, sind wir fortwährend verliebt. Wir sind in jedem Moment verliebt. In dem Augenblick, da wir aufwachen, verlieben wir uns ineinander und in das Leben selbst. Liebe endet nie. Liebe dauert. Das Geheimnis der Liebe zieht uns für immer in seinen Bann. Es ist Liebe um der Liebe willen. Einen Beweggrund gibt es für sie nicht. Liebe ist ohne Logik, Liebe ist reine Magie. Liebe ist reine Poesie und reines Vergnügen.

Liebe ist heilig. Liebe ist grenzenlos und bedingungslos. Lasse dich von der Kraft der Liebe mitreißen. Wahre Liebe bedeutet, auch dann zu lieben, wenn der geliebte Mensch nicht vollkommen ist. Es ist leicht, jemanden zu lieben, der gut ist und den man für perfekt hält. Aber wahre Liebe bedeutet, auch jene zu lieben, die vielleicht nicht so gut sind. Zu lieben bedeutet, frei von Kritik zu sein, nicht zu vergleichen oder sich zu beschweren. Universelle Liebe zu praktizieren bedeutet, zu erkennen, dass diejenigen, die sich schlecht verhalten, es tun, weil sie nicht geliebt wurden. Der amerikanische Dichter W. H. Auden geht sogar noch weiter, wenn er sagt, dass »diejenigen, denen Böses angetan wird, auch Böses tun«. Doch jene, die geliebt werden, lieben im Gegenzug. Lasst uns einen Monsun der Liebe auslösen und alle Lebewesen nähren. Nur durch den Akt des Liebens können wir andere lehren, zu lieben.

Als Christus erklärte: »Liebet eure Feinde«, hat er das nicht leichtfertig gesagt. Er glaubte an *amor vincit omnia:* Liebe besiegt alles. Durch die Liebe werden Feinde zu Freunden. Liebe führt nicht Buch über Missetaten. Liebe ist nichts für schwache Gemüter. Liebe erfordert Mut, den Mut, die andere Wange hinzuhalten. Zu lieben heißt, beherzt zu sein. Sing das Lied der Liebe, und all deine Sorgen und dein Elend werden sich in Luft auflösen! Lebe in der Ekstase der Liebe. Lass dich von der Liebe tragen.

Liebe bedeutet, sich selbst so anzunehmen, wie man ist, und andere so zu akzeptieren, wie sie sind. Akzeptanz ohne Erwartung, ohne Urteil und ohne Einschränkung ist Liebe. Frei von Erwartungen, begegnet der Liebe keine Enttäuschung. Liebe bedeutet, das Bittere mit dem Süßen, das Dunkle mit dem Hellen, den Schmerz mit der Freude anzunehmen – alles mit Gleichmut. In dem Moment, in dem wir Liebe in unser Herz bringen, verwandeln wir Illusion in Imagination und Zwiespalt in Einheit. Wir transzendieren Vorlieben und Abneigungen und feiern das Leben, wie es ist. Wenn wir den süßen Nektar der Liebe trinken, findet eine Verwandlung statt; der Sufi-Dichter Jalal ud-Din Rumi drückte es so aus:

Durch Liebe wird das Bittere süß;
Durch Liebe wird Kupfer zu Gold;
Durch Liebe wird der Bodensatz klar;
Durch Liebe wird der Schmerz Heilung.

Das ist die verwandelnde Kraft der Liebe. Zu lieben heißt, Gott zu sehen, denn Gott ist Liebe und Liebe ist Gott. Liebe ist die größte Religion der Welt. Liebe ist majestätisch und großartig. Wo es Liebe gibt, gibt es Hoffnung. Also liebt und freut euch.

Wo beginnen wir unsere Reise der Liebe? Bei uns selbst. Christus sagte: »Liebe deinen Nächsten wie dich selbst.« Das Wort *selbst* ist der Schlüssel. Wie du dich selbst liebst, so liebst du auch andere. Die »anderen« sind nur eine Erweiterung von dir. Sich selbst zu lieben, ist nicht selbstsüchtig! Wenn du dich nicht lieben kannst, wie kannst du jemand anderen lieben, und warum solltest du hoffen, dass jemand anderes dich liebt?

Sich selbst so anzunehmen, wie man ist, und sich dafür zu lieben, wie man ist, ist die Voraussetzung, andere zu lieben, wie sie sind und wer sie sind. Wir sind aus einander gemacht.

Liebende nehmen keinen Anstoß und geben keinen Anstoß. Liebende haben keine Feinde. Feindseligkeit ist eine Folge von Hass, während Freundschaft die Folge von Liebe ist. So wie Bienen Blumen lieben und Honig produzieren, lieben sich Liebende und produzieren Glück. Liebe ist der Sinn des Lebens, und durch Liebe finden wir den Sinn des Lebens.

Rumi sagte auch: »Deine Aufgabe ist es nicht, nach Liebe zu suchen, sondern lediglich, alle Barrieren in dir zu suchen und zu finden, die du gegen die Liebe errichtet hast.« Leben heißt lieben, und lieben heißt wagen. Wir wagen, verletzt zu werden, und wir wagen die Möglichkeit, nicht zurückgeliebt zu werden. Wünsch dir keinen Liebhaber; sei einfach selbst ein Liebhaber. Einen Geliebten zu haben, ist die unvermeidliche Folge davon, ein Liebender zu sein.

Liebe erweckt die Seele, Liebe nährt das Herz, Liebe bringt Freude in unser Leben. Die Liebe ist das schönste Mantra des Geistes. Der Balsam der Liebe heilt alle Wunden, die Wunden des Zorns und der Angst, der Furcht und der Verbitterung.

Liebe für sich selbst – Liebe für andere – Liebe für die Natur, das alles ist ein Kontinuum. Liebe ist etwas so Natürliches wie das Atmen.

Allumfassende Liebe zeigt sich in vielerlei Gestalt: als Liebe zum Lernen, als Philosophie, Liebe zur Weisheit, und als Philanthropie, Liebe zu den Menschen.

Intimer erleben wir die erotische Liebe. Wie schön ist es, sich zu verlieben und in der Umarmung des Geliebten zu sein! »Ich liebe dich«, kann zum mächtigsten und schönsten Satz werden. Wir können und sollten uns jeden Tag verlieben, sogar stets in denselben geliebten Menschen. Wenn wir einen lieben, lieben wir alle. Sich zu verlieben, ist ein Wunder. Wir werden durch den Akt der Liebe geboren. Jeder von uns ist ein Kind der Liebe. Es gibt keine Erbsünde, nur das Erbe der Liebe.

Die Liebe führt uns über die Vernunft, über den Intellekt und über die Worte hinaus. Dichter, Künstler und Mystiker erleben die Ekstase der romantischen Liebe körperlich, gefühlsmäßig, in der Phantasie und spirituell. Romantische Dichtung und Kunst feiern unsere Herzverbindungen untereinander, mit der Natur und mit anderen Menschen. Liebe bringt uns an ein Gestade jenseits von Richtig und Falsch, wo Edelmut und Großzügigkeit herrschen. Das ist tiefinnigste Liebe zum Leben. Alles, was wir brauchen, ist Liebe, denn Liebe ist alles. Liebe ist die Antwort. Wie lautet deine Frage?

2

Liebe für alle

Wann immer du die Wahrheit hast, musst du sie mit Liebe weitergeben, sonst werden Botschaft und Überbringer zurückgewiesen.

MAHATMA GANDHI

Wenn wir die Türen unseres Herzens öffnen, können wir unsere Liebe fließen lassen: auf sozialer, politischer und ökologischer Ebene. Auf mein Leben hatte Mahatma Gandhi den größten Einfluss, indem er mir die Verbindung zwischen intimer Liebe und allumfassender Liebe, persönlicher Liebe und politischer Liebe aufzeigte. Er spielt schlicht auf das an, was wir alle zu tun haben, wenn er sagt: »Ich biete euch Liebe an.«

Mahatma Gandhi war ein Verfechter der radikalen Liebe. Für ihn sollte die Liebe jeden Aspekt unseres Lebens durchdringen. Alle menschlichen Aktivitäten sollten von der Liebe geprägt sein. Die Liebe sollte das organisierende Prinzip des individuellen Lebens wie auch der gesamten Gesellschaft sein. Für Gandhi kannte Liebe keine Grenzen und keine Schranken, keine Einschränkungen und keine Bedingungen. Er sagte: »Wo Liebe ist, da ist Leben, und wo Liebe ist, da ist Licht.«

Liebe als Grundlage für persönliche Beziehungen wird von vielen vorausgesetzt und befürwortet. Alle Religionen und die meisten philosophischen Traditionen predigen Liebe als Grundlage persönlichen Verhaltens. Doch für Mahatma Gandhi sollte Liebe auch der Beweggrund für politische Maßnahmen, wirtschaftliche Entscheidungen und geschäftliches Verhalten sein.

Liebe unter Freunden und Familienmitgliedern herrschen zu lassen, ist gut, reicht aber nicht aus. Die Liebe muss aus der Enge von Häusern, Tempeln und Klöstern heraustreten. Liebe sollte auch in den Korridoren der politischen Macht und auf dem Markt praktiziert werden.

All unsere Aktivitäten in der Landwirtschaft, der Bildung, der Medizin, in der Kunst und im Handwerk sollten auf dem Fundament der Liebe stehen. All unsere Arbeit sollte »sichtbar gemachte Liebe« sein. Lehrer sollten nicht bloß unterrichten, um Geld zu verdienen, sondern weil sie Kinder lieben und gerne unterrichten. Den Lebensunterhalt zu verdienen, ist ein Mittel zum Zweck. Der wahre Zweck ist, den Kindern zu dienen. In ähnlicher Weise sollten Ärzte Medizin praktizieren, weil sie es lieben, Kranke zu heilen, Landwirte sollten Lebensmittel erzeugen, weil sie es lieben, die Hungrigen zu ernähren, Politiker sollten in die Politik gehen, weil sie es lieben, den Menschen zu dienen, und Händler sollten Geschäfte machen, weil sie es lieben, die Bedürfnisse ihrer Gemeinschaften zu erfüllen. Jeder Beruf braucht einen höheren Zweck.

Um Liebe in alle gesellschaftlichen Bereiche zu bringen, entwickelte Mahatma Gandhi das Konzept von *Sarvodaya*. Dieses Wort hat viele Bedeutungen, darunter das Wohlergehen aller, Liebe für alle und das Glück aller. Hier bezieht sich »alle« auf alle fühlenden Wesen, auf Harmonie auf allen Ebenen.

Politische Philosophien wie Utilitarismus, Sozialismus und Kapitalismus stellen das menschliche Leben über alle anderen Formen des Lebens. Und da nach diesen Anschauungen das menschliche

Leben wertvoller ist als das von Pflanzen, Tieren und Ozeanen, wird dem Menschen das Recht zugestanden, sie zu kontrollieren, auszubeuten und nach Belieben zu nutzen. Dieser Anthropozentrismus steht im Widerspruch zur gandhianischen Philosophie der Gewaltlosigkeit und Liebe, die die Grundlage von Sarvodaya bildet. Der Mahatma vertrat die Ansicht, dass der Wert von nichtmenschlichem Leben nicht an seinem Nutzen für den Menschen gemessen werden darf, weil alles Leben einen Eigenwert hat. Daher ist die Ehrfurcht vor allem Leben das Grundprinzip von Sarvodaya.

Mahatma Gandhi lehnte die utilitaristische Idee des maximalen Wohls der maximalen Anzahl ab. Politische und wirtschaftliche Maßnahmen sollten auf das Wohl aller und nicht nur auf das der Mehrheit ausgerichtet sein. Die politische und soziale Philosophie muss die Würde allen Lebens respektieren und darf nicht einer bestimmten Lebensform einen höheren Status zuerkennen. Dies schließt sowohl menschliches als auch nicht-menschliches Leben ein. Wir müssen das tierische Leben, das pflanzliche Leben und jede andere Form von Leben lieben. Die Verschmutzung der Meere und Flüsse mit Agrochemikalien und Plastik ist Gewalt gegen unsere Gewässer. Die Verschmutzung der Luft durch übermäßige Kohlenstoffemissionen und Treibhausgase zeigt einen ähnlichen Mangel an Liebe für den Planeten. Die Zerstörung der Wälder, die Tierquälerei in der Massentierhaltung und die Vergiftung des Bodens mit Herbiziden und Insektiziden sind eine Folge mangelnder Liebe. Die abnehmende Artenvielfalt ist das Ergebnis von schwindender Güte und Mitgefühl.

Die ganzheitliche Philosophie von Sarvodaya besteht darauf, die menschlichen Einstellungen, die menschlichen Herzen und die menschlichen Beziehungen zu verändern, wobei die Natur unser Leitfaden ist. Unsere Perspektive muss auf der Einheit des Lebens beruhen und nicht auf Trennung und Gegensatz zwischen menschlichem und nicht-menschlichem Leben. Eine innere Transformation ist die Voraussetzung für eine Veränderung des menschlichen Verhaltens.

Nach der Evolutionslehre hat sich alles Leben aus der gleichen Quelle, dem gleichen Ursprung entwickelt. Meere, Wälder und Tiere sind die Vorfahren der Menschheit. Alle Lebewesen bestehen aus denselben Grundelementen: Erde, Feuer, Luft, Wasser und Raum.

Sarvodaya wendet sich von der Erzählung des Getrenntseins ab und folgt der Erzählung von Beziehung, die weiß, dass wir alle miteinander verbunden sind. Einheit und Vielfalt sind komplementär. Evolution ist der Weg von der Einheit zur Vielfalt, kein Abstieg von der Einheit zur Trennung und zum Dualismus. Vielfalt ist keine Spaltung. Vielfalt ist die Feier der Einheit. Alle Formen in einer Vielfalt sind durch das verschlungene Netz des Lebens miteinander verbunden. Durch die Liebe zum Leben, die Liebe zur Erde und die Liebe zur Natur kümmern wir uns um alles Leben auf dem Planeten, ohne Herabsetzung, ohne Urteil und ohne Ausnahme.

Die Denkweise, die den Menschen von der Natur trennt, ist die gleiche, die eine Gruppe von Menschen von einer anderen trennt. Wir trennen die Menschen im Namen von Kaste, Klasse, Nationalität, Politik, Geschlecht, Rasse, Religion oder Lebensstil. Wir stellen eine Gruppe über eine andere. Wir verwandeln die menschliche Vielfalt in menschliche Spaltung. Eine solche Spaltung führt zu Wettbewerb, Konflikten und Krieg. Wir gestalten unsere Politik im Interesse der einen Gruppe und nicht im Interesse der anderen. Die nationalen Interessen eines Landes werden im Widerspruch zu den Interessen eines anderen Landes gesehen. Klassenkonflikte führen zu Klassenkriegen. Das Wohlergehen der Arbeiterklasse wird als unvereinbar mit dem Wohlergehen der Bosse angesehen. All dies ist eine Folge von trennenden und dualistischen politischen Philosophien.

Sarvodaya sieht den Interessenkonflikt zwischen den Menschen als Ergebnis der Konditionierung unseres Geistes. Eigentlich haben alle Menschen ein gemeinsames Interesse. Diese Gemeinsamkeit kann in der Liebe gefunden werden. Alle Menschen wünschen sich, glücklich und gesund zu sein und in Harmonie miteinander und mit dem Planeten zu leben. Mit einem Bewusstsein, das auf Liebe gründet, teilen wir daher unser Glück und unser Wohlergehen mit anderen. Wir sorgen füreinander und wir sorgen für die Erde. Wir gestalten unsere Politik so, dass sie dem Interesse aller dient, ohne Ausnahme. Die Grundsätze von Sarvodaya beinhalten, auch diejenigen zu lieben, mit denen wir nicht übereinstimmen. Liebe ohne Grenzen und Liebe ohne Schranken! Liebe hat mehr Macht, Herzen und Köpfe zu gewinnen, als alle Bomben und Waffen. Wie Gandhi uns lehrte, »erobern wir mit Liebe«.

Wie können wir über »alle« sprechen, ohne dass es zu weit und vage erscheint? Wo sollen wir in unserer politischen Entscheidungsfindung ansetzen? Mahatma Gandhi hat auch diese Fragen beantwortet. Er sagte, dass wir uns bei politischen Entscheidungen und bei der Zuweisung von Mitteln aus dem Staatshaushalt fragen müssen, wer von den Entscheidungen, die wir treffen, profitieren wird. Wenn eine Entscheidung in erster Linie den Ärmsten der Armen, den Schwächsten der Schwachen und den am meisten benachteiligten Mitgliedern der Gesellschaft zugutekommt, dann ist diese Entscheidung Ausdruck der Liebe zu allen. Gandhi lehnte die Trickle-Down-Theorie ab, nach der dann etwas unten ankommen soll, wenn es oben genug gibt. Eine Wirtschaft und eine Politik der Liebe müssen sich in sofortigen und unmittelbaren Maßnahmen zur Beendigung der sozialen Ungerechtigkeit und der Ausbeutung der Benachteiligten niederschlagen.

Für Liebe zum gesamten Planeten hatte Mahatma Gandhi ebenfalls eine einfache Formel. Wenn menschliche Aktivitäten Abfall und Verschmutzung der Luft, des Wassers und des Bodens verursachen oder Tieren Schmerzen und Leiden zufügen, dann stehen diese Aktivitäten im Widerspruch zu unserer Liebe zur Erde. Außerdem müssen sich die Menschen in Demut üben. Anstatt die natürlichen Ressourcen auszubeuten, um all unsere Begehrlichkeiten, unsere Gier, unsere Ausschweifungen und unsere Ansprüche zu befriedigen, sollten wir der Natur nur so viel entnehmen, wie wir wirklich brauchen – und dies mit Dankbarkeit. Gandhi sagte: »Die Erde bietet genug für jedermanns Bedürfnisse, aber nicht genug für jedermanns Gier.« Die Natur ist nicht bloß eine Ressource für die Wirtschaft; die Natur ist die Quelle des Lebens. Liebe zur Erde bedeutet ganz praktisch, sich um unseren Planeten zu kümmern.

Dies ist nicht einfach ein abgehobenes Ideal. Es ist pragmatische und praktische Politik. Es hat sich immer wieder gezeigt, dass eine Politik der Trennung, der Spaltung, des Konflikts und des Wettbewerbs aufreibend, verschwenderisch und kontraproduktiv ist. Politik, die den Interessen einer Gruppe gegen eine andere oder den Interessen des Menschen gegen die Natur dient, ist immer wieder versucht worden und gescheitert. Mahatma Gandhi glaubte, dass »Macht, die auf Liebe beruht, tausendmal wirksamer und dauerhafter ist als die, die aus Angst vor Strafe entsteht«. Er fordert uns auf, der Politik der Liebe eine Chance zu geben.

Liebe wird oft als spirituelles Ideal betrachtet, aber für Gandhi gab es keine Trennung zwischen dem Praktischen und dem Spirituellen. Die Lösungen für unsere globalen Umweltprobleme ebenso wie für persönliche Unzufriedenheit, für gesellschaftliche Spaltung, wirtschaftliche Ungleichheit, internationale Konflikte, Rassendiskriminierung und jede Menge anderer drängender Fragen liegen in einer einzigen großen Idee – Sarvodaya: Liebe für alle.

3

Einheit

Diejenigen, die die Einheit des Lebens erfahren,
sehen sich selbst in allen Wesen
und alle Wesen in sich selbst.

BUDDHA

Spaltung ist das vorherrschende Thema unserer Zeit. In erster Linie ist diese Spaltung die Abspaltung des Menschen von der Natur. Wir sind zu der Auffassung gelangt, die Natur sei da draußen. Berge, Flüsse, Meere, Wälder, Tiere und Vögel sind Natur. Und all diese Teile der Natur sind dazu da, menschliche Bedürfnisse zu befriedigen. Der Zweck von Wissenschaft, Technik, Industrie und Wirtschaft ist es, die Natur zu erobern und sie sich zunutze zu machen. Sie ist allein den menschlichen Bedürfnissen, der menschlichen Gier unterworfen. Wir können mit der Natur machen, was wir wollen; wir können die Regenwälder abholzen, die Meere leerfischen, Tiere in Schlachthöfen abschlachten, den Boden mit Chemikalien vergiften und wilde Geschöpfe töten, allein zu unserem Vergnügen oder um Macht auszuüben. Nach diesem Narrativ ist die Natur seelenlos; sie hat keinen Geist, keine

Intelligenz, kein Gedächtnis. Die Natur ist leblos. Die Natur ist eine Maschine.

Das Wort *Natur* bedeutet hingegen soviel wie Geburt. Alles, was geboren wird, ist Natur. Wenn eine Mutter schwanger ist, geht sie zu einer pränatalen Untersuchung. Nach der Geburt wird sie einer postnatalen Kontrolle unterzogen. *Geburt (Natal), Natur, heimisch (nativ) – all* diese Wörter stammen von der gleichen Wurzel ab. Der Mensch wird aus Samen geboren. Deshalb sind wir genauso Teil der Natur wie Bäume, Tiger und Schildkröten. Die Natur gehört nicht uns – wir gehören der Natur.

So entsteht ein neues Narrativ. Ein Narrativ der Einheit. Darin sind wir alle Mitglieder der einen Erdgemeinschaft. Aldo Leopold nannte es die »biotische Gemeinschaft«. Alle Arten, sowohl Menschen als auch nicht-menschliche Wesen, werden von denselben Daseinsbedingungen erhalten. Wir alle atmen dieselbe Luft, trinken dasselbe Wasser, werden von derselben Sonne gewärmt und ernähren uns vom selben Boden. Wie können wir uns als von der Natur getrennt bezeichnen? Wie können wir uns als Herrscher über die Natur betrachten?

Indigene Kulturen sprechen von Mutter Erde und Vater Himmel. Sie betrachten vierbeinige und zweiflügelige Geschöpfe als ihre Brüder und Schwestern, als Mitglieder einer einzigen irdischen Familie. Einige von uns leben auf der Erde, andere fliegen in der Luft und wieder andere schwimmen im Wasser, aber letztlich ist das ganze Leben eins und manifestiert sich in Millionen von Formen, Gestalten und Funktionen. Diese Vielfalt ist der Tanz der einen Lebenskraft. Die Einheit feiert sich in der Vielfalt des Lebens. Wir sind alle miteinander verbunden, wir sind alle verwandt. Wir sind ein integraler Bestandteil der Natur. Die Erde ist unser gemeinsames Zuhause.

Das alte Narrativ von Trennung hat die Gesamtheit der menschlichen Beziehungen infiziert. Im Namen von Nationalität oder Religion, unter dem Deckmantel von Hautfarbe oder Rasse haben wir die hohen Mauern unseres engen Eigeninteresses errichtet, die eine Nation von der anderen, eine Religion von der anderen trennen. Das amerikanische nationale Interesse steht im Konflikt mit dem nationalen Interesse Russlands. Indien und Pakistan, China und Japan und viele andere Nationen, die in Konflikt miteinander stehen, sehen ihre nationalen Interessen im Widerspruch zueinander. Wir haben die grundlegende Wahrheit vergessen, dass wir, bevor wir Amerikaner oder Russen, Israelis oder Palästinenser, Hindus oder Muslime, Schiiten oder Sunniten, Katholiken oder Protestanten, Schwarze oder Weiße sind, Mitglieder eines einzigen menschlichen Stammes sind. Unabhängig von unserer Nationalität oder Religion sind wir alle Menschen. Unter unserer Haut fließt das gleiche Blut. Auf Quantenebene sind wir alle Protonen und Photonen.

Das neue Narrativ ist eine Erzählung des radikalen Pluralismus. Es ist wunderbar, eine Vielfalt von Kulturen und Farben, Nationalitäten und Religionen, Glaubensrichtungen und Philosophien zu haben. Es wäre überaus langweilig, wenn sieben Milliarden Menschen auf dieser Erde nur eine Sprache oder eine Religion oder ein politisches System hätten. Die Evolution begünstigt die Vielfalt – biologische Vielfalt, religiöse und kulturelle Vielfalt, politische und wirtschaftliche Vielfalt, die Vielfalt der Wahrheiten und Sprachen. Lasst tausend Blumen blühen und lasst eine Million Köpfe frei sein. Die Erde ist reichhaltig. Es ist genug für alle da, um es zu teilen und zu genießen. Es gibt keinen Grund, Angst zu haben und zu kämpfen. Ersetzen wir das alte Narrativ der engstirnigen nationalen Interessen durch diese neue Erzählung des gemeinsamen menschlichen Interesses. Ersetzen wir das alte Narrativ der Spaltung durch die neue Erzähung der Einheit, der Wiederverbindung. Verwandeln wir unsere Spaltungen in Vielfalt und pflegen wir einen Austausch über unsere Verschiedenheiten. Letztlich gibt es nur eine Erde, nur eine Menschheit und nur eine Zukunft. Wie E.M. Forster sagte: »Verbindet euch ... und die menschliche Liebe wird ihrem Höhepunkt entgegengehen. Lebt nicht länger als Einzelteile.«

Wir können uns entscheiden, ob wir Vielfalt als Spaltung oder als Feier der Einheit empfinden. Wir können die Welt als Ganzes betrachten und sie als ein Netzwerk von Beziehungen wahrnehmen, oder wir können die Welt als eine Ansammlung von fragmentierten und unverbundenen Einzelteilen wahrnehmen, die einander bekämpfen. Nach Ansicht von Thomas Berry, einem US-amerikanischen Ökotheologen, ist »das Universum keine Ansammlung von Objekten, sondern eine Gemeinschaft von Subjekten«. Alle Lebewesen, Menschen und Nicht-Menschen, gehören zu dem einen großen Baum des Lebens!

Der Verstand, der Trennungen und Konflikte überdrüssig, versucht, eine Welt der Einheitlichkeit zu schaffen. Auf globaler Ebene sehen wir immer mehr einheitliche Architektur, einheitliche Lebensmittel, Getränke und Kleidung. Ketten bieten von New York bis Neu-Delhi und von Peking bis Berlin die gleichen Massenprodukte und Lebensmittel an. Diese Uniformität ist alles andere als Einheit.

Wir müssen uns an die einfache Wahrheit erinnern, dass Kriege, Terrorismus, Klimawandel, Armut und andere große menschliche Probleme lediglich Symptome der tief verwurzelten Krankheit unserer Trennung von der Natur und unserer Abkopplung von unserer menschlichen Gemeinschaft sind. Solange wir die Ursachen unserer ökologischen und sozialen Krisen nicht angehen, wird es uns nicht gelingen, den Schmerz der Armut, die Qualen der Kriege und das durch den Klimawandel verursachte Elend zu verringern oder zu lindern. Indem wir uns ein neues Narrativ von Einheit zu eigen machen, wechseln wir von unserer anthropozentrischen Weltsicht zu einer ökozentrischen Weltsicht; wir bewegen uns vom Eigeninteresse zum gemeinsamen Interesse und entdecken die Einheit in der Vielfalt.

Meditation über die Einheit des Lebens

Die linke Handfläche steht für das Selbst, die rechte Handfläche für die Welt.

Ich bringe meine beiden Handflächen zusammen und vereinige mich so mit der Welt.

Ich verneige mich vor dem heiligen Leben, der heiligen Erde, dem heiligen Universum, dem heiligen Kosmos.

Ich verneige mich vor der heiligen Erde, der heiligen Luft, dem heiligen Wasser, dem heiligen Raum.

Ich sehe alle Wesen in mir und mich selbst in allen Wesen.

Ich sehe das ganze Universum in mir und mich selbst im ganzen Universum.

Ich bin ein Mikrokosmos des Makrokosmos. Ich bestehe aus Erde, Luft, Wasser und Regen.

Der Kosmos ist mein Land, die Erde mein Zuhause, die Natur meine Nationalität und die Liebe meine Religion.

Alle Lebewesen werden von demselben Lebensatem, demselben Wasserfluss, derselben Wärme der Erde und Festigkeit des Bodens getragen.

Wir sind also alle miteinander verbunden, wir sind alle miteinander verwandt, wir sind Interwesen.

Wir haben einen einzigen Ursprung.

Einheit und Vielfalt tanzen miteinander. All unser Gedeihen beruht auf Gegenseitigkeit.

Ich feiere Gegenseitigkeit, Wechselseitigkeit und Beziehung. Wenn Trennung und Teilung aufhören, hört auch das Leiden auf.

Ich gehe über richtig und falsch, über gut und schlecht hinaus.

Ich verneige mich vor der Einheit des Lebens. Ich verneige mich vor der Vielfalt der Formen.

Ich atme ein und ich atme aus.

Ich lächle, ich entspanne mich und ich lasse los.

Ich lasse alle Erwartungen, Anhaftungen und Ängste los.

Ich lasse alle Sorgen, alle Furcht und alle Wut los.

Ich lasse das Ego los.

Ich atme ein. Ich atme aus.

Ich lächle, entspanne mich und lasse los.

Ich bin daheim. Ich bin daheim. Wir sind daheim.

4

Vielfalt

Ich habe beschlossen, mich an die Liebe zu halten; der Hass ist eine zu große Last für mich.

MARTIN LUTHER KING JR.

Atme sanft ein und atme sanft aus. Und wenn du ein- und ausatmest, denke daran, dass wir alle die gleiche Luft atmen. Die gesamte Menschheit atmet und teilt dieselbe Luft. Das gleiche gilt für alles Leben über die Menschheit hinaus: Tiere, Pflanzen und Mineralien. Alles Leben wird durch denselben Atem aufrechterhalten. Mit diesem Gefühl der Einheit des Lebens und der Verbundenheit mit dem Ganzen atmen wir ein und atmen wir aus, achtsam und mit dem Herzen. Und wir genießen den lebenserhaltenden Atem, ohne den wir nicht sein können.

Wenn wir gemeinsam atmen, denken wir an Millionen von Lebensformen. Vielfalt ist der Schlüssel zu einer gesunden Menschheit und damit der Schlüssel zu einem neuen Paradigma und einer neuen Zivilisation. Die Evolution begünstigt die Vielfalt. Am Anfang der Zeit, wie wir sie kennen – zum Zeitpunkt des Urknalls – gab es überhaupt keine Vielfalt. Es gab Gas, und irgendwann gab es Wasser. Und dann, im Laufe von Milliarden von Jahren der Evolution, entstanden Millionen von verschiedenen Arten: Pflanzen und Tiere, Pilze und Bakterien. Die biologische Vielfalt ist eine Notwendigkeit für das Gedeihen des Lebens. Allen Lebens. Doch leider haben wir im Streben nach wirtschaftlichem Wachstum unsere heilige Verantwortung für den Erhalt der biologischen Vielfalt vergessen.

Wir sind verwirrt. All unser Streben gilt dem Wirtschaftswachstum. Die überwältigende Mehrheit der Menschen ist zu einem Instrument des Wirtschaftswachstums geworden. Auch die Natur ist zu einem Instrument des Wirtschaftswachstums geworden, zu einer Ressource, die ausgebeutet wird, um Gewinne zu erzielen. Wenn wir die Natur als Ressource für die Wirtschaft betrachten, dann besteht der einzige Wert der Natur darin, wie nützlich sie für die menschliche Produktion und den Konsum von Waren und Dienstleistungen ist. Wir behandeln die Natur wie eine Maschine, wie einen Gebrauchsgegenstand. Und so messen wir ihren Wert in Form von Geld. Wir opfern Wildtiere und Wildnisgebiete für die Wirtschaft. Das Ergebnis ist, dass wir die biologische Vielfalt in allen Bereichen und auf allen Ebenen in alarmierendem Tempo dezimieren.

Es ist beruhigend zu wissen, dass dieses industrielle Paradigma – Ökonomie *vor* Ökologie – nur ein paar Hundert Jahre alt ist. Unsere indigenen Brüder und Schwestern leben seit Tausenden von Jahren in Harmonie mit der Natur. Sie wissen, dass die Natur kein Mittel für die Wirtschaft ist. Die Natur ist keine Ressource für die Wirtschaft. Die Natur ist eine Quelle des Lebens. Unser Planet ist eine heilige Quelle des Lebens, ein lebendiger Organismus. Die Erde ist die gemeinsame Heimat der Menschen und aller anderen lebenden Arten. In unserer neuen Erzählung ist Ökonomie ein Teilgebiet der Ökologie.

Ich glaube fest an die Menschenrechte, aber wir müssen noch einen Schritt weiter gehen. Wir müssen festlegen, dass auch die

Natur Rechte hat. Die Rechte der Natur gehen Hand in Hand mit den Menschenrechten. Diese Verflechtung, Interdependenz und Wechselbeziehung müssen anerkannt und gewürdigt werden. Die Rechte der Natur müssen respektiert werden und in unsere Verfassungen und Gesetze auf nationaler und internationaler Ebene aufgenommen werden. Wir sollten die biologische Vielfalt aktiv vor der monokulturellen Massenproduktion und dem Massenkonsum schützen, die mit der industriellen Wirtschaft einhergehen. Wir brauchen eine Gesetzgebung, die die Natur und die biologische Vielfalt schützt, die ihren Eigenwert anerkennt.

Wir müssen wieder lernen, dem Wohlergehen des Planeten und dem Wohlergehen der Menschheit größere Bedeutung beizumessen, anstatt Wirtschaftswachstum, Produktion, Konsum, Profit und Geld zu priorisieren. Diese sind nur Mittel zum Zweck. Ziel ist das Wohlergehen unseres Planeten und seiner biologischen Vielfalt, zu der auch die menschlichen Gesellschaften gehören.

Wir können uns auf eine neue Art in der Welt bewegen, ein neues Paradigma schaffen. Wenn wir unsere Beweggründe und Absichten ändern, ändert sich alles. Was immer wir tun, können wir als Dienst an allen Lebewesen tun, als einen Akt der universellen Liebe für die Vielfalt des Lebens. Wir können eine harmonischere und liebevollere Beziehung zu unserem Planeten aufbauen. Wir können uns eins fühlen mit der Natur. Wir können unser materialistisches, konsum- und wirtschaftsorientiertes Weltbild in ein ganzheitliches Weltbild verwandeln, indem wir die Liebe zur Vielfalt kultivieren.

Wir müssen eine neue Wirtschaft schaffen, eine natürliche Wirtschaft, eine Wirtschaft der Liebe.

Die Natur ist üppig und verschwendet nie. Die Früchte, die nicht gegessen werden, kehren in den Boden zurück und befruchten ihn: ein vollkommenes System. Von der Natur können wir alles lernen, was wir über die Vielfalt wissen müssen. Die Natur ist unsere Lehrerin. Die Natur ist unser Mentor. Wir müssen nur versuchen, ihre Lehren zu verstehen.

Wenn wir ein neues Paradigma schaffen wollen – eine neue Wirtschaft – eine Zivilisation, in der Mensch und Natur in Harmonie leben, dann müssen wir damit beginnen, eine neue Art von Bildung zu schaffen, die auf dem Grundsatz der Vielfalt beruht. So, wie wir in den Schulen und Universitäten Wissenschaft, Mathematik, Geschichte und Geografie lernen, müssen wir gleichfalls lernen, die Vielfalt der Natur und die Vielfalt der Menschen zu lieben. Zu lernen, die Vielfalt zu lieben und mitfühlend zu sein, ist ebenso grundlegend für das Leben, wie zu lernen, woher wir kommen und wohin wir gehen. Von klein auf müssen wir die Artenvielfalt und die kulturelle Vielfalt unseres kostbaren Planeten Erde schätzen lernen.

5

Eine Ökologie der Liebe

In der Blume ist Liebe /
man muss sie wachsen lassen.

JOHN LENNON

Es war der norwegische Philosoph Arne Næss, der die Unterscheidung zwischen oberflächlicher Ökologie (Shallow Ecology) und Tiefenökologie (Deep Ecology) traf. Die oberflächliche Ökologie hält den Naturschutz für wichtig, aber nur insofern, als die Natur für den Menschen nützlich ist. Das ist die anthropozentrische Weltsicht. In dieser Sichtweise ist der Mensch die besondere und überlegene Spezies. Die natürliche Welt existiert nur zu einem einzigen Zweck: um den menschlichen Bedürfnissen zu dienen. Der oberflächlichen Ökologie zufolge, sollten wir Menschen uns um die Umwelt kümmern – um Tiere, Ozeane, Flüsse und Wälder –, damit wir noch lange von der Natur profitieren können. Oberflächliche Umweltschützer wünschen sich eine nachhaltige Zukunft für die Menschheit und betrachten die Natur als eine »Ressource« für die Wirtschaft.

Für die Verfechter der Tiefenökologie hat die Natur einen intrinsischen, ihr innewohnenden Wert. Die Natur wird nicht als Ressource für die Wirtschaft betrachtet, sondern als Quelle des Lebens selbst. Bäume sind gut, nicht nur, weil sie uns Sauerstoff schenken, unser Kohlendioxid aufnehmen oder uns Schatten, Früchte und Holz spenden. Bäume sind an und für sich und als solche gut. Bäume waren, wie Meere und Berge, schon da, bevor der Mensch auf der Bildfläche erschien. Wie können wir behaupten, dass der Mensch der Natur überlegen sei oder dass sie nur für ihn existiere? Tiefenökologen erkennen nicht nur die Rechte des Menschen an, sondern ebenso die Rechte der Natur. Sie betrachten die oberflächliche Ökologie als eine Art überheblichen menschlichen Imperialismus, bei dem der Mensch sich als Herrscher der natürlichen Welt aufspielt.

Die Liebesökologie hingegen befürwortet all das, was die Tiefenökologie fordert, und fügt eine weitere Dimension hinzu: Sie betrachtet die Natur als heilig. Sie sagt, das Leben ist heilig und die Menschen müssen ein Gefühl der Dankbarkeit gegenüber der Natur kultivieren.

Alle Religionen kennen eine Tradition der Ehrfurcht vor der Natur. Für die Christen war der Heilige Franz von Assisi der Schutzpatron der Ökologie, der den mörderischen Wolf von Gubbio davon überzeugte, in Frieden mit seinen Opfern zu leben. Viele religiöse Gruppen haben ein neues Bewusstsein entwickelt und sehen es als ihre heilige Pflicht an, Bäume zu pflanzen, den Boden zu pflegen und in der Landwirtschaft und bei der Viehzucht mitfühlend zu sein. Ehrfurcht vor dem Leben ist ein religiöser Impuls. Es ist eine religiöse Verantwortung, großzügig und der Natur gegenüber freundlich zu sein. Ein Gefühl der Dankbarkeit für all die Gaben des Lebens, die wir jeden Tag erhalten, ist ein spirituelles Gebot. Wie können wir die Natur missachten, sie respektlos behandeln und zerstören, wenn wir glauben, dass die Natur Gottes Schöpfung und Gottes Geschenk ist?

Oberflächliche Ökologen glauben, die Natur sei unbelebt. Wir Menschen haben Verstand, Intelligenz und Bewusstsein. Aber aus Sicht der Liebesökologie hat auch die Natur Verstand, Geist, Seele und Intelligenz. Der Apfelkern hat ein Gedächtnis: Er weiß genau, was er werden soll. Sein oder nicht sein, das mag für Shakespeares Hamlet eine Frage gewesen sein, aber für den Apfelkern ist es keine Frage. Der Samen des Seins ist niemals verwirrt. Er kennt seine wahre Natur. Er weiß, wer er ist, was er ist und was er sein will.

Als ich ein kleiner Junge war, sagte mir meine Mutter immer, ich solle die Bäume ehren.

»Warum, Mutter?« fragte ich.

»Der Baum ist unser Lehrer, er ist der größte Lehrer der Welt«, antwortete sie. »Sogar größer als Buddha.«

»Mutter, das kann nicht sein«, wandte ich ein. »Es gibt keinen größeren Lehrer als Buddha. Er war unser größter Lehrer.«

»Mein Sohn, wo hat Buddha die Erleuchtung erlangt? Es geschah, als er unter einem Baum saß. Heutzutage finden wir keine Erleuchtung mehr, weil wir nicht mehr unter Bäumen sitzen. Als Buddha unter einem Baum saß, lernte er den Grundsatz der Harmonie im Universum. Sonne und Regen sind in Harmonie mit dem Baum. Der Baum ernährt sich von der Erde, und diese Erde wird in Früchte umgewandelt. Die Früchte schenken den Menschen, den Vögeln und den Bienen Nahrung. Alle diese Erscheinungen sind miteinander verbunden und voneinander abhängig. Wir sind alle miteinander verbunden. Das alles hat Buddha von den Bäumen gelernt.«

In dem Augenblick, da wir erkennen, dass wir alle miteinander verwandt sind, wird dieser Planet zu unserem Zuhause. Die Vögel, die am Himmel fliegen, sind unsere Verwandten und Bekannten. Die Rehe und Kaninchen im Wald sind unsere Geschwister. Sogar Tiger und Elefanten, Schlangen und Regenwürmer sind Mitglieder der einen irdischen Familie. Ohne den

Regenwurm gäbe es kein Essen auf unserem Tisch. Der Regenwurm arbeitet Tag und Nacht, ohne Wochenende, ohne Urlaub, ohne Lohn. Lang sollen sie leben, die Regenwürmer, sage ich. Darwin entwickelte seine Evolutionstheorie durch das Studium von Regenwürmern, also lasst uns den Regenwürmern für das Geschenk des Verstehens dankbar sein. In dem Moment, in dem wir dieses Gefühl der Dankbarkeit haben, leben wir eine Ökologie der Liebe.

In der Perspektive der oberflächlichen Ökologie sind Mensch und Natur getrennt. In der Liebesökologie sind Mensch und Natur eins. Wir sind alle aus Erde, Luft, Wasser und Raum gemacht. Alles im Universum ist in uns. Ohne die Sonne oder den Mond können wir nicht sein. Jeder von uns ist ein Miniaturuniversum, ein Mikrokosmos des Makrokosmos. In einer Ökologie der Liebe erkennen die Menschen die umfassende Einheit des Lebens, und alle unsere engstirnigen, unbedeutenden Trennungen verschwinden. In einer Ökologie der Liebe sind wir alle Mitglieder der einen Erdengemeinschaft, der einen Familie. Mit diesem Bewusstsein werden wir frei von der Last der Abspaltung. Wir wechseln von der Egozentrik zur Ökozentrik *und* verändern damit unser gesamtes Weltbild. Hier berühren wir den Geist Gottes.

Am Ende seines Buches *Eine kurze Geschichte der Zeit* meinte der Wissenschaftler Stephen Hawking, wir würden eines Tages die Gedanken Gottes kennen. Mit der Ökologie der Liebe können wir die Gedanken Gottes schon jetzt in diesem Augenblick erkennen. Gott ist nicht irgendwo jenseits des Himmels. Gott ist überall im Kosmos. Gott bedeutet kosmisches Bewusstsein. Wir müssen nur unser Bewusstsein erweitern und erkennen, dass jeder von uns ein eigener Kosmos im Kleinen ist. Alle kosmischen Kräfte sind in uns, und wir sind im Kosmos. Die Ökologie der Liebe ermöglicht es uns, uns auf diesem schönen Planeten und in diesem wunderbaren Kosmos zu Hause und wohlzufühlen.

6

Die Dreifaltigkeit der Liebe

Möge Gott uns vor der Einäugigkeit und
dem Schlaf Newtons bewahren.

WILLIAM BLAKE

Radikale Liebe ist die Vision einer vollständigen Transformation, die Vision ganzheitlicher Harmonie. Das Dasein ist multidimensionale Wirklichkeit, keine eindimensionale Sichtweise. Wir vervollkommnen unser Leben durch Liebe zur Natur: Erdboden; Liebe zu uns selbst: Seele; und Liebe zu anderen: Gesellschaft. Dies ist die Dreifaltigkeit der Liebe für ein neues Zeitalter.

In der Bhagavad Gita sagt Lord Krishna zum Krieger Arjuna, der Mensch existiere von Beginn seines Lebens an in drei Dimensionen: der natürlichen, der spirituellen und der gesellschaftlichen. Diese Elemente sind ein Geschenk des Universums an alles Leben. Als Menschen atmen wir Luft und trinken Wasser, um am Leben zu bleiben. Wir bauen Nahrung im Erdboden an, um uns zu ernähren. Wir benutzen Feuer zum Kochen und Wärmen, und wir leben im Weltraum. Die Wirtschaft des Universums ist eine Schenkökonomie, die auf Wechselseitigkeit beruht. Sie ist keine Raubwirtschaft, die Verschwendung, Verschmutzung und Ungerechtigkeit verursacht. Es liegt in unserer Verantwortung, dafür zu sorgen, dass die fünf Elemente in guter Ordnung gehalten werden, dass sie sauber und rein bleiben und regelmäßig aufgefüllt werden. In der vedischen Tradition wird dieser Akt des Wiederauffüllens *Yagna* genannt, was Liebe zur Natur oder Liebe zur Erde bedeutet, da die Erde alle natürlichen Elemente symbolisiert.

Vom Tag unserer Geburt an sind wir mit einem Körper, mit Sinnen, Intelligenz und einer Seele ausgestattet: dem Selbst, unserem ganzen Wesen. So, wie wir die Reinheit und Unversehrtheit der fünf äußeren Elemente für unser Wohlbefinden aufrechterhalten müssen, müssen wir auch ständig auf die Reinheit, Unversehrtheit und Gesundheit unserer inneren Elemente achten: unseren Geist, unseren Körper, unsere Seele und unsere Intelligenz. Im Laufe unseres Lebens werden wir zwangsläufig Erschöpfung, Burn-out, Stress und sogar Verzweiflung erleben. Daher liegt es in unserer Verantwortung, Mittel und Wege zu finden, unsere Seele, unser eigenes Selbst, wieder aufzufüllen, zu regenerieren und zu nähren. Diese Selbstfürsorge ist kein egoistischer Akt; sie ist Gebot und Voraussetzung für die Fürsorge für andere. Diese Selbstfürsorge wird *Tapas* genannt, was Selbstliebe oder Seelenliebe bedeutet.

Wir werden nicht als unbeteiligte, isolierte Individuen geboren. Wir sind Mitglieder unserer Familien, unserer Nachbarschaften, unserer Gemeinschaften und der breiteren Gesellschaft. So, wie wir von der Natur mit Nahrung, Wasser, Luft und Wärme und von unserer Seele mit Phantasie, Bewusstsein, Gedächtnis und Intelligenz beschenkt werden, so erhalten wir auch viele Gaben von unserer menschlichen Gemeinschaft. Zu diesen Gaben gehören Kultur, Architektur, Literatur, Philosophie, Religion, Kunst, Handwerk und vieles mehr. Wir haben diese Gaben von denen erhalten, die in der Vergangenheit gelebt haben, und wir erhalten sie auch in der Gegenwart. Wir sind nicht nur hier, um die Gaben anderer zu konsumieren; wir sind dafür verantwortlich, im Gegenzug ähnliche Gaben darzubringen. Wir sind aufgefordert, unsere Kreativität, unser Talent und unsere Fähigkeiten als kostenlose Gaben zur Bereicherung der sozialen Ordnung einzubringen. Dieses Zurückgeben an unsere Gemeinschaften sollte in Anerkennung der Tatsache der Gegenseitigkeit und Wechselseitigkeit erfolgen. Wenn dies mit einem Gefühl des selbstlosen Dienens geschieht, wird es *Dana* genannt, was Liebe für alle Menschen bedeutet, unabhängig von Kaste, Klasse, Religion, Rasse oder Nationalität.

Diese drei zeitlosen Prinzipien der Bhagavad Gita – Yagna, Tapas, Dana – sind heute noch genauso relevant wie damals, als sie vor Tausenden von Jahren erstmals formuliert wurden. Ich habe diese Prinzipien für unsere Zeit angepasst und neu formuliert als eine neue Dreifaltigkeit für unsere Zeit: Erdboden, Seele und Gesellschaft.

Unsere Gesellschaft fördert die Spezialisierung des Denkens, aber es ist wichtig, sich daran zu erinnern, dass diese Dreifaltigkeit die drei Aspekte einer ganzheitlichen Vision darstellt. Es gibt Menschen, die sich ganz der Erhaltung und dem Schutz der Natur widmen, während spirituelle oder metaphysische Dimensionen nicht in ihr Bewusstsein dringen. Andere widmen sich mit ganzem Herzen einer spirituellen Suche – üben Meditation und Yoga, studieren spirituelle Texte und folgen einem Leben der Selbstentfaltung – und kümmern sich dabei wenig um die Erhaltung der natürlichen Welt. Andere wiederum widmen ihr Leben der sozialen Gerechtigkeit, den Menschenrechten und wirtschaftlicher Gleichheit. Ihnen erscheinen spirituelle Angelegenheiten wie Selbstverliebtheit und die Erhaltung der Natur als etwas, das zu weit von menschlichen Belangen entfernt ist.

Wir müssen für einen Moment alle vorgefassten Meinungen fallenlassen und uns die ganzheitliche Perspektive der Bhagavad Gita vor Augen führen, die besagt, dass alles miteinander verbunden ist und zusammenhängt. Wir sind alle aus einander gemacht. Die Natur, der Geist und die Menschheit sind drei Dimensionen der einen Wirklichkeit. Selbst wenn wir uns auf eine Dimension unserer irdischen Existenz konzentrieren, müssen wir uns der verborgenen feinen Verbindungen zwischen dem Äußeren und dem Inneren, dem Sozialen und dem Spirituellen und dem Natürlichen und dem Menschengemachten bewusst sein.

Diejenigen, die sich für den Schutz der Natur einsetzen, müssen sich daran erinnern, dass die Natur nicht einfach *da draußen* ist. *Die* Sorge um die Menschen ist ebenso Teil des Naturschutzes wie die Sorge um die Wildtiere. Die Wahrung der Rechte der Natur gehört ebenso zu den Menschenrechten wie der Einsatz für soziale Gerechtigkeit und wirtschaftliche Entwicklung.

Die Natur und der Mensch sind nicht nur physische Gebilde. Die Erde und alle Lebewesen auf ihr, Menschen und Nicht-Menschen, sind komplexe lebendige Organismen. Wir sind Verkörperung von Mitgefühl, Großzügigkeit, Demut und Liebe. Wenn wir eine gute soziale Ordnung und eine saubere Umwelt haben, aber keine Freude, kein Mitgefühl und keine Liebe, was wäre dann das Leben? Wir brauchen eine saubere Umwelt, eine gerechte soziale Ordnung und ein blühendes persönliches Leben gleichermaßen; wir brauchen Spiritualität und Liebe in unseren Herzen, um erfüllt zu sein. Das ist es, was Lord Krishna zu Arjuna sagt: Es gibt keine Fragmentierung oder Trennung zwischen dem Natürlichen, dem Spirituellen und dem Sozialen. Wir sind ein integriertes Ganzes.

7

Boden

Der Boden ist der große Verbinder des Lebens, die Quelle und der Sinn von allem.

WENDELL BERRY

Der Boden ist die Quelle des Lebens auf der Erde. Alles kommt aus dem Boden und kehrt zu ihm zurück. Wenn wir uns um den Boden kümmern, kümmert sich der Boden um uns und all unsere Bedürfnisse. Der Boden gibt uns Nahrung, Bäume und Wasser. Die Erde trägt uns und unsere Behausungen auf ihrem Rücken, aber sie ist so demütig, immer unter unseren Füßen zu bleiben.

Der Boden wird auch »Humus« genannt, von derselben Wurzel wie *human*, der *Mensch* – was für eine wunderbare Verbindung: Der Mensch ist buchstäblich ein Bodenwesen. Der Mensch muss den Humus respektieren; er muss sich in *Demut (humility)* üben, ein Wort, das sich ebenfalls von derselben Wurzel ableitet. Das gilt auch für *Feuchtigkeit (humidity)*. Demut ist mit Feuchtigkeit verbunden. Durch Feuchtigkeit wird der Boden genährt, und durch

Demut wird die Seele geachtet. Dies sind bedeutungsvolle Worte: *Humus, human, humility* und *humidity.*

Die industrielle Zivilisation betrachtet den Boden als träge und verwendet Chemikalien und Düngemittel, um ihm Leben einzuhauchen. Dies zeigt unsere Unwissenheit, unseren Mangel an *Demut und* unser Unvermögen, die lebendige Natur des Bodens zu erkennen und wertzuschätzen.

Die Zeit ist gekommen, die Magie von Mutter Erde zu feiern.

Das Wort *Kultur* ist ebenfalls mit dem Boden verbunden. Dem Oxford English Dictionary zufolge, bedeutete *Kultur* bis zum Ende des achtzehnten Jahrhunderts »ein kultiviertes Feld oder ein Stück Land«; mit anderen Worten, die Kultivierung des Bodens. Daraus leitet sich auch der Begriff *Agrikultur* (*Landwirtschaft) ab.* So sind Natur und Kultur miteinander verbunden. Man konnte nicht kultiviert sein, ohne den Boden zu bebauen und die Natur zu pflegen. Im neunzehnten und zwanzigsten Jahrhundert wurde *Kultur mit* der Kultivierung von Seele und Vorstellungskraft durch Musik, Poesie, Malerei und Tanz verbunden. Diejenigen, die den Boden kultivierten, wussten, dass sie damit auch die Seele kultivierten. Durch Volkstanz, Volksmusik und Volksmalerei nährten die Bauern ihre Seele und pflegten gleichzeitig den Boden. Kultur ist die Brücke zwischen Boden und Seele, zwischen Humus und Mensch.

Mit dem Aufkommen der Moderne, der Industrialisierung und der Verstädterung entstand der Begriff Zivilisation. *Zivil* und *Zivilität* bedeuten »aus der Stadt oder zur Stadt gehörend«. Diejenigen, die in den Städten lebten, bezeichneten sich als zivilisierte Bürger und begannen, auf Bauern, Landvolk und Landarbeiter herabzusehen. Für viele wurde Erde (*dirt*) »schmutzig« (*dirty*), und dieser Bewusstseinswandel machte es erstrebenswert, das Leben auf dem Land hinter sich zu lassen und in der Stadt zu wohnen. Diejenigen, die den Boden bearbeiteten und ihren Lebensunterhalt mit der Landwirtschaft verdienten, galten fortan als »unzivilisiert«.

Die Aufgabe der Moderne war und ist es, die Menschen in die Städte zu locken, wo sie in Fabriken, Geschäften und Büros arbeiten, anstatt auf dem Land. Natürlich brauchen die Bürger immer noch zu essen. Deshalb werden Nahrungsmittel nicht mehr in der Landwirtschaft, sondern in der Agrarindustrie und in industriellen Großbetrieben erzeugt. Die Massenproduktion in Monokulturen mit schweren Maschinen und Robotern ist zur modernen Art der Landwirtschaft geworden. Die Landwirte müssen den Boden nicht mehr bearbeiten oder ihn überhaupt berühren. Ihre Aufgabe ist es, sich um die Maschinen zu kümmern, riesige Mähdrescher und Traktoren zu fahren und das Melken von Kühen, das Schlachten von Schweinen und sogar das Säen und Ernten von Feldfrüchten von Robotern erledigen zu lassen.

Die unbeabsichtigte Folge dieses Übergangs von der Kultur zur Zivilisation war, dass die Landwirtschaft völlig abhängig von fossilen Brennstoffen wurde. Wir stehen vor dem massiven Problem der Kohlendioxidemissionen in der Atmosphäre. 20 bis 30 Prozent der CO_2-Emissionen entfallen auf die industrielle Landwirtschaft, und ein ähnlicher Anteil entfällt auf den Transport von Lebensmitteln, die Kühlung und die Entsorgung von Lebensmittelabfällen.

Wer hätte gedacht, dass dieser Fortschritt, unsere Entwicklung, unsere Modernität – unsere Zivilisation – unsere Existenz bedrohen könnte? Neben den äußeren Unsicherheiten, die durch die Klimazerrüttung verursacht werden, leiden die »zivilisierten« Gesellschaften zudem unter innerer Verunsicherung. Wir leben in einem Zeitalter der Angst. Mangelnde Lebenserfüllung und fehlende berufliche Zufriedenheit führen zu Desillusionierung bis hin zur Depression.

Die eigentliche Ursache für diese äußere und innere Verunsicherung ist unsere Trennung vom Boden und unsere Abkopplung von ihm. Unter dem Einfluss der Zivilisation haben die modernen Gesellschaften aufgehört zu wissen, dass der Mensch mit dem Humus verbunden ist. Das Gebot unserer Zeit ist es, die Liebe zum Boden zu kultivieren. Wir sind ein integraler Bestandteil des Bodens. Was wir dem Boden antun, tun wir uns selbst an. Wenn wir den Boden weiter vergiften, werden wir die Folgen zu spüren bekommen. Veränderung beginnt damit, dass wir unsere Hände in den Boden stecken und dem Boden unsere Liebe und Dankbarkeit dafür ausdrücken, dass er uns so großzügig und reichlich mit körperlicher und geistiger Nahrung versorgt. Das Feiern des Bodens ist ein Fest des Lebens. Boden ist gut. Boden ist edel. Boden ist schön. Boden ist weise. Indem wir uns mit dem Boden verbinden, verbinden wir uns mit dem gesamten Kosmos.

8

Saatgut

Was immer mit dem Saatgut geschieht, wirkt sich auf das gesamte Netz des Lebens aus.

VANDANA SHIVA

Ein Samen ist ein Wunder.
Aus einem kleinen Apfelkern entsteht ein riesiger Apfelbaum.
Sieh dir diesen Apfelkern an.
In diesem kleinen Samen steckt ein großer Baum.
Aus diesem kleinen Apfelsamen entsteht der mächtige Apfelbaum.
Dieser Baum steht schon seit vierzig Jahren dort.
Dieser Baum hat uns Tausende von Äpfeln geschenkt.
Jeder Apfel hat sechs weitere Kerne.
Aus einem einzigen Samen können wir einen ganzen Hain von Apfelbäumen machen!
Saatgut ist so mächtig.
Wie kann aus einem kleinen Apfelkern ein großer Apfelbaum werden?
Lasst uns die Antwort finden.

Der Samen muss sich lösen.
Wir müssen den Samen in guten Boden säen.
Wir werden diesen Samen nie wiedersehen.
Der Boden wird sich um den Samen kümmern.
Ohne den Boden kann aus dem Samen kein Apfelbaum werden.

Nach ein paar Monaten wird aus dem Samen ein kleiner Setzling.
Er ist so zart.
Er ist eine kleine und schöne Pflanze.
Wir müssen viel Geduld und Vertrauen haben.
Wir müssen lernen, zu warten und zuzusehen, wie sie wächst.
Wir geben dem Setzling etwas Wasser, um ihn zu nähren.
Ohne Wasser kann es keinen Apfelbaum geben.
Dank Erde und Wasser wird der Setzling kräftig.
Er bildet Stamm und Äste.
Das ist pure Magie.
An diesen Zweigen wachsen viele grüne Blätter.
Im Frühling gibt es plötzlich wunderschöne Blüten.
Sie sind rosa, weiß und überwältigend.
Die Bienen umschwirren sie und bestäuben sie.
Ohne die Bienen gibt es keine Äpfel.
Aus diesen zarten Blüten werden Babyäpfel geboren.
Die warme Sommersonne lässt sie reifen.
Ohne die Sonne gibt es keine Äpfel.
Dank der Sonne, des Bodens und des Wassers beginnen die Äpfel zu reifen.
Sie werden bunt und duftend.
Sie werden süß und saftig.
Sie werden zu Äpfeln.
Wenn der Herbst kommt, sind die Äpfel bereit, das Leben zu nähren.
Der Apfelbaum ist sehr freundlich.
Der Apfelbaum hat grenzenlose Liebe.
Der Apfelbaum verschenkt Äpfel an alle.
Der Apfelbaum fragt nie: »Hast du etwas Geld dabei?«
»Wer immer du bist, nimm Äpfel«, scheint der Baum zu sagen.

Reich oder arm, jung oder alt, schwarz oder weiß, »nehmt Äpfel«.
Der Apfelbaum diskriminiert niemanden.
Das ist die grenzenlose Liebe des Baumes.
Der Apfelbaum wird von Sonne, Boden und Wasser genährt.
Der Apfelbaum seinerseits ernährt Menschen, Tiere, Vögel und Insekten.
Äpfel sind ein Geschenk des Universums.
Wir nehmen dieses Geschenk mit Dankbarkeit an.
Der Apfelbaum kennt den Kreislauf des Lebens.
Aus dem Baum wird Samen.
Aus dem Samen wird Baum.
Der Apfelbaum ist aus Erdboden gemacht.
Mit seinen Blättern nährt der Apfelbaum den Boden.
Der Apfelkern hat ein Gedächtnis.
Der Apfelkern erinnert sich daran, wie er zu einem Apfel wird;
nie wird er zu einer Birne.
Ein Apfelbaum ist ein Kunstwerk.
Maler malen den Apfelbaum.
Wir machen Fotos von Apfelbäumen, beladen mit bunten Früchten.
Dichter schreiben Lieder zum Lob der Apfelbäume.
Der Wissenschaftler Isaac Newton sah einen Apfel von einem Baum fallen und entdeckte die Schwerkraft.
Buddha saß unter einem Baum und wurde erleuchtet.
Der Baum des Lebens geht aus einem bescheidenen Samen hervor.
Ohne Samen gibt es keinen Baum.
Ohne Baum gibt es keinen Samen.
Samen, Sonne, Boden, Wasser und Bienen sind in Harmonie mit Bäumen.
Der Samen ist bescheiden; er ist froh, in der Erde unter unseren Füßen zu sein.
Dennoch erzeugt er Tausende von Äpfeln für alle.
Ein Samen ist ein Wunder.

9

Wasser

Flüsse wissen dies: Es besteht keine Eile;
wir werden eines Tages ankommen.

A. A. MILNE

An den Ufern des Flusses Dham, in der Nähe der Stadt Wardha in Zentralindien, steht der Ashram meines Lehrers Vinoba Bhave. Einmal, als junger Mann, besuchte ich ihn dort, und wir spazierten am frühen Morgen am Fluss entlang. Es war die ideale Tageszeit, um Worte der Weisheit zu hören, die wie das reinste Wasser aus dem Mund dieses großen Weisen flossen.

»Sei wie Wasser, mein Freund.«

»Wie soll ich wie Wasser sein?« fragte ich.

»Fließe wie Wasser. Selbst wenn es in einem See ist, fließt das Wasser weiter. Meine Lieblingsform von Wasser ist ein Fluss. Er ist immer in Bewegung. Niemals erstarrt. Niemals stockend. Niemals festgefahren.«

»Wie sonst soll ich wie Wasser sein?« fragte ich.

»Lebe innerhalb deiner Grenzen«, sagte Vinoba. »Ein Fluss fließt innerhalb der Grenzen seiner beiden Ufer, und er ist frei. Auch du kannst deine Freiheit genießen, wenn du deine Grenzen kennst und dich in Zurückhaltung übst.«

»Was können wir noch vom Wasser lernen?« fragte ich.

»Sei so anpassungsfähig wie Wasser«, sagte Vinoba. »Wenn du Wasser in eine Flasche füllst, nimmt es die Form der Flasche an. Wenn du es in ein Glas gibst, nimmt es die Form des Glases an. Das Wasser passt sich seiner Umgebung an, aber es verliert nie seine Identität. Auch du kannst deiner Natur treu bleiben und dennoch nie in Konflikt mit deiner Umgebung, deinen Nachbarn, deiner Familie oder deinen Freunden geraten. Wasser hat keine Feinde. Wasser ist immer da, um Pflanzen, Tieren und Menschen zu dienen, ihren Durst zu stillen und alles Leben zu nähren. Auch wir Menschen sollten immer im Dienst der anderen stehen. Das ist es, was ich vom Wasser gelernt habe. Wasser lebt, um das Leben der anderen zu erhalten.«

»Willst du damit sagen, dass ich Wasser als meinen Lehrer ansehen soll?« fragte ich.

»Ja, das ist genau das, was ich sage!« rief Vinoba aus. »Wasser ist so sanft und weich, dass man es trinken kann. Du kannst es auf deine Augen geben. Man kann darin schwimmen. Aber Wasser ist zugleich sehr kraftvoll. Mit der Zeit werden sogar zerklüftete Felsen unter Wasser glatt. Und über einen längeren Zeitraum hinweg verwandelt Wasser Felsgestein in Sand. Unterschätze niemals die Wirkung sanfter Macht! Selbst ein großes, außer Kontrolle geratenes Feuer wird durch die Kraft des Wassers gelöscht. Deshalb sage ich dir, mein Freund, sei wie das Wasser.« Wir hielten inne und schwiegen eine Weile am Fluss. »Wasser ist keine Ware«, sagte er schließlich. »Wasser ist mehr als eine Ressource. Wasser ist die Quelle des Lebens. Wasser ist heilig. Wasser zu verschwenden oder zu verschmutzen, ist eine Sünde gegen die Natur. Liebe das Wasser.«

Ich wurde in der Wüste Thar in Rajasthan geboren, die auch als Große Indische Wüste bekannt ist. Sie ist die siebzehntgrößte

Wüste der Welt und die größte in Indien. Sie ist 120.000 Quadratmeilen groß, von denen 60 Prozent auf Rajasthan entfallen. Ich bin also ein Kind eines sandigen, trockenen Landes. Wenn es bei uns sechs Wochen im Jahr regnete, konnten wir uns glücklich schätzen. Jeder Tropfen Wasser, der auf unser Dach fiel, wurde in unserem Wassertank gespeichert, den wir zum Trinken, Kochen und Baden nutzten. Als ich aufwuchs, war Wasser knapp und kostbar. An jenem Tag, als wir am Fluss standen, sprach ich mit Vinoba darüber, dankte ihm und versicherte ihm, dass sein Vortrag über Wasser bei mir einen tiefen Eindruck hinterlassen hatte.

Vinoba erinnerte mich an eine Geschichte, die inzwischen in ganz Indien berühmt geworden ist, die ich aber als erster hören sollte. Auf dem Rückweg entlang des Flusses erzählte Vinoba die Geschichte von Mahatma Gandhis Besuch im herrschaftlichen Haus der Familie Nehru in der Stadt Allahabad. Das Haus war bekannt als *Ananda Bhavan*, Palast der Freude. Es war 1942, und Herr Nehru würde in fünf Jahren der erste Premierminister Indiens werden.

Obwohl das Haus ziemlich luxuriös war, gab es kein Leitungswasser. Am Morgen brachte Nehru selbst einen Krug voll Wasser und ein Waschbecken für Gandhi. Nehru hatte ein Handtuch über den linken Arm gelegt und goss mit der rechten Hand Wasser in das Waschbecken, während Gandhi sich das Gesicht wusch und die Zähne putzte. Während er das Wasser eingoss, fragte Nehru Gandhi, wie er die Mehrheit der Inder davon überzeugen wolle, im Kampf gegen die britische Herrschaft in Indien den Weg der Gewaltlosigkeit zu gehen. Gandhi erklärte, dass ihr Beispiel und ihre aufrichtige Überzeugung der beste Weg sein würden, andere zu überzeugen.

»Tut mir leid, Bapu«, unterbrach Nehru, plötzlich besorgt. »Kannst du eine Minute warten, während ich noch etwas Wasser hole?«

»Habe ich das ganze Wasser verbraucht?« fragte Gandhi, sichtlich beunruhigt. »Ich hätte mich auf meine Wäsche konzentrieren und mich dabei nicht von all diesen großen Ideen mitreißen lassen sollen. Ich hätte für meine Wäsche mit einem Krug Wasser auskommen sollen. Ich hätte aufmerksamer sein sollen.«

»Bapu, mach dir darüber keine Sorgen. Ich weiß, du kommst aus Gujarat, einem trockenen und wüstenartigen Land, in dem das Wasser knapp ist. Aber hier haben wir keinen Wassermangel. Zwei große Flüsse fließen in unserer Stadt Allahabad zusammen, und es gibt sogar einen dritten Fluss, einen mythischen Fluss, der den Grundwasserspiegel in unseren Brunnen hochhält.«

»Nehruji, du hast vielleicht drei Flüsse, die durch deine Stadt fließen, aber das gibt mir nicht das Recht, Wasser zu verschwenden. Mein Anteil ist nur ein Krug pro Tag.«

Nehru bemerkte Tränen in Gandhis Augen, die ihn bewegten und überraschten. In diesem Moment erkannte er, dass Gandhi wirklich ein Mann der Selbstbeschränkung war. Er überredete Gandhi, ihm ausnahmsweise einen halben Krug Wasser bringen zu dürfen, damit er sich zu Ende waschen konnte. Als Nehru mit dem Wasser zurückkehrte, nahm Gandhi seine Waschung wieder auf.

»Ich weiß, dass man mich für einen Spinner halten wird«, sagte er, »aber ich glaube, dass es auf der Welt genug für die Bedürfnisse aller gibt, aber nicht genug für die Gier und die Verschwendung der Menschen. Vor allem nicht von Wasser, das besonders kostbar ist, denn Wasser ist Leben. Sein Überfluss gibt uns kein Recht zur Verschwendung. Wir haben gerade über Gewaltlosigkeit gesprochen; für mich ist Verschwendung Gewalt.«

Wir beendeten unseren Spaziergang am Fluss Dham, und ich dankte Vinoba dafür, dass er seine Weisheit und seine Geschichten mit mir geteilt hatte. Er wies ein letztes Mal in Richtung des Flusses. »Das Wasser ist unser Lehrer und die Quelle unseres Lebens. Wir müssen lernen, es zu lieben und hochzuschätzen und es mit Dankbarkeit und Demut zu nutzen.«

10

Eine Ode an Mutter Erde

Dezember 1972

Die Menschen sagen: »Ich möchte in den Himmel kommen, wenn ich sterbe.« In Wirklichkeit kommt man in den Himmel, wenn man geboren wird.

JIM LOVELL, NASA-ASTRONAUT

Als ich das ikonische Bild der NASA von der Erde sah, verliebte ich mich sofort in diese herrliche »blaue Perle«.* Und durch dieses unglaubliche Bild verliebte ich mich erneut in die Erde selbst. So schrieb ich diese Ode an Mutter Erde.

Ich blickte auf eine kostbare blaue Perle im kosmischen Ozean. Ein Wunder des kosmischen Geistes.

In diesem ekstatischen Moment sagte ich zu mir: Das ist Gaia, meine lebende Göttin.

* Im Dezember 1972 entstand aus der Sicht der Apollo 17 auf ihrem Weg zum Mond das erste Foto der Erde aus dem Weltraum. Es veränderte das kollektive Bewusstsein der Menschheit nachhaltig und wurde als »Blue Marble« (Blaue Murmel) bekannt. (Anm. d. Ü.)

Dies ist Mutter Erde, meine geliebte Mutter und die Mutter aller Lebewesen.

Dies ist unsere Heimat, unsere einzige Heimat, die Heimat der Menschen, der Tiere, der Berge, der Flüsse, der Wälder, der Meere und von Billionen von Lebensformen.

Dies ist die sich selbst erhaltende, selbstverwaltende und selbstverantwortliche lebendige Erde.

Mutter Erde ernährt sich und versorgt alle ihre Kinder mit Nahrung, Wasser, Luft und Wärme.

Sie stellt Kleidung, Wohnung, Energie, Kunst, Handwerk und Kultur für alle zur Verfügung, ohne zu benachteiligen oder zu verurteilen.

Manchmal nehmen wir Menschen unsere wohlwollende Mutter Erde als selbstverständlich.

Wie ungezogene Kinder benehmen wir uns schlecht und sind respektlos.

Wir verschmutzen das Wasser, vergiften den Boden und verseuchen die Luft.

Wir verschwenden Energie und missachten die Grenzen der mütterlichen Fähigkeiten, bedrohen das Leben unserer eigenen Mutter.

Wir schaffen Konflikte und Kriege im Namen von Religion, politischen Systemen, Nationalismus oder irgendwelchen anderen oberflächlichen und künstlichen Grenzen.

Mutter Erde hat über Milliarden von Jahren hart gearbeitet, sich zu entwickeln und die biologische Vielfalt, die kulturelle Vielfalt und die Vielfalt von Wahrheiten zu schaffen, aber wir Menschen verwandeln diese Vielfalt in schreckliche Spaltungen und bekämpfen uns dann wegen dieser Trennungen und töten einander.

Durch das Bild der wunderschönen blauen Murmel erinnert uns unsere Erde daran, dass wir diese künstlichen und oberflächlichen Trennungen überwinden und die wunderbare Vielfalt des Lebens schützen und bewahren und gleichzeitig die Einheit des Lebens feiern sollten.

Schließlich sind wir Mitglieder einer einzigen Erdenfamilie.

Mutter Erde kümmert sich ganz bestimmt um uns. Kümmern wir uns um unsere Mutter Erde?

Mutter Erde liebt uns. Lieben wir sie ebenso?

Ich bin wirklich verliebt in diese herrliche blaue Murmel.

Die Erde ist mein Augenstern.

Ich werde alles tun, was in meiner Macht steht, um für unsere Mutter Erde zu sorgen.

Meditation über die vier Elemente

Die Erde ist ein spiritueller Führer.
Die Erde ist geduldig, vergebend und großzügig.
Die Erde ernährt alle Lebewesen ohne Unterschied und ohne Urteil.
Möge ich lernen, mich in Geduld, Vergebung und Großzügigkeit gegenüber der Erde zu üben.
Möge ich wie die Erde sein und freundlich zu allen.

Ich grüße die Erde.

Luft ist ein geistiger Führer.
Luft wirkt unterstützend, belebend und aufladend.
Die Luft erhält das Leben aller Wesen; das Leben eines Heiligen oder eines Sünders, eines Menschen oder eines Tieres, einer Schlange oder einer Spinne, eines Berges oder eines Affen.
Möge ich von der Luft lernen, alles Leben zu erhalten, zu beleben und mit Energie zu versorgen, ohne zu benachteiligen oder zu verurteilen.

Ich preise die Luft.

Feuer ist wärmend, reinigend, befähigend und erhellend.
Feuer ist ein spiritueller Führer.
Feuer kommt von der Sonne.
Feuer vertreibt die Dunkelheit.

Möge ich das Licht für diejenigen sein, die sich in der Dunkelheit verirrt haben, und diejenigen wärmen, die an Herzenskälte leiden, wer auch immer sie sein mögen.

Ich huldige dem Feuer.

Wasser ist ein spiritueller Führer.
Wasser ist weicher als eine Blume und stärker als ein Fels.
Wasser löscht den Durst und nährt alle Lebewesen der Erde, ganz gleich, ob sie gut oder böse, gütig oder grausam, Dichter oder Diebe, arm oder reich sind.
Das Wasser fließt weiter, überwindet alle Hindernisse und reinigt sich, indem es fließt.
Möge ich wie Wasser sein und den Durst aller stillen, ob sie es verdienen oder nicht.
Möge ich vom Wasser lernen, zugleich weich und stark zu sein.

Ich verneige mich vor dem Wasser.

TEIL ZWEI

Radikale Liebe in der Welt

Liebe kennt keine Grenzen.

MAYA ANGELOU

11

Eine ökologische Weltanschauung

Wir haben vergessen, wie man ein guter Gast ist,
wie man mit Leichtigkeit auf der Erde wandelt,
so wie es die anderen Geschöpfe tun.

BARBARA WARD

Ökologie und Ökonomie sind wie Geschwister. Beide Wörter stammen von der griechischen Wurzel *oikos ab,* was »Heim« oder »Haushalt« bedeutet. *Logos* bedeutet »Wissen«, während *nomos* »Verwaltung« bedeutet. So können wir uns Ökologie als »Wissen über den Haushalt« und Ökonomie als »Verwaltung des Haushalts« vorstellen. In der Vorstellung der griechischen Philosophen ist *Oikos ein* sehr umfassender Begriff. Es ist der Ort, an dem sich eine Familie Schlafzimmer, Wohnzimmer und Küche teilen, aber auch eine Nation ist ein *Oikos,* und schließlich ist der gesamte Planet ein *Oikos.* Großartige Tiere, märchenhafte Wälder, majestätische Berge, phantastische Ozeane und natürlich phantasievolle und kreative Menschen, sie alle gehören zu diesem einen planetarischen Haushalt.

Wenn wir über die ursprüngliche und eigentliche Bedeutung des Wortes *Ökonomie* nachdächten, würden wir schnell erkennen, dass es sich um einen Zweig der Ökologie handelt. Ohne Ökologie kann es keine Ökonomie geben. Die endlose Produktion, der Konsum und das Streben nach Profit im Namen von Wirtschaftswachstum, Fortschritt und Entwicklung sind zu den am nachdrücklichsten verfolgten Zielen der modernen Weltordnung geworden. Die Natur, die ein anderer Name für *Oikos* ist, wird als Ressource für die Wirtschaft betrachtet. Natürliche Ressourcen, einschließlich der Menschen, sind Mittel zum Zweck geworden – Instrumente zur Steigerung der Rentabilität von Unternehmen und Konzernen. Menschen nennen wir inzwischen sogar »Humanressourcen«.

In einem ökologischen Weltbild sollten Produktion und Konsum sowie Geld und Gewinn immer nur Mittel zum Zweck sein. Das Endziel ist das Wohlergehen der Menschen und die Unversehrtheit des Planeten. Wenn Produktion, Konsum und Wirtschaftswachstum die Natur schädigen und die Menschen ausbeuten, dann müssen solche wirtschaftlichen Aktivitäten sofort eingestellt werden.

Produktion und Konsum sind notwendig. Aus ökologischer Sicht müssen sie jedoch mit Bedacht und in einer Weise betrieben werden, die das natürliche Gleichgewicht wahrt. In der Ökonomie der Natur gibt es keine Verschwendung. Daher ist es ein ökologisches Gebot, dass menschliche Produktion und der Konsum von Gütern und Dienstleistungen keinen Abfall produzieren. Verschwendung ist Gewalt gegen die ökologische Integrität unseres Planeten. Was immer wir der Natur entnehmen, muss in die Natur zurückkehren. Was nicht resorbiert werden kann, darf nicht produziert werden.

Eine industrielle Wirtschaft ist eine lineare Wirtschaft. Wir entnehmen der Erde natürliche Materialien, verarbeiten sie, verwenden sie und werfen sie dann weg. Die Folge ist, dass zu viel davon auf Mülldeponien, in den Ozeanen und in der Atmosphäre landet. Wir müssen diese lineare Wirtschaft durch eine zyklische

Wirtschaft ersetzen. Alle Waren und Produkte müssen so hergestellt werden, dass sie sicher und ohne Rückstände in die Natur zurückkehren.

In einer Wirtschaft der Natur gibt es auch keine Verschmutzung. Wenn wir uns von der Weisheit eines ökologischen Bewusstseins leiten lassen, können auch wir die Verschmutzung der Erde vermeiden. Verschmutzung ist ein Verstoß gegen die Reinheit und Schönheit unserer Heimat. Wenn wir die Luft verschmutzen, müssen wir sie dennoch einatmen; wenn wir das Wasser verschmutzen, müssen wir es doch trinken; und wenn wir den Boden verschmutzen, müssen wir trotzdem die Nahrung essen, die er hervorbringt.

Meine Mutter hat mich stets gelehrt, dass alles, was wir erzeugen und verbrauchen, drei Eigenschaften haben sollte. Erstens: Es sollte schön sein. Schönheit ist Nahrung für die Seele. Unsere Sinne und unser Geist werden durch Schönheit genährt, sie entfacht Kreativität und regt die Phantasie an. Zweitens: Was schön ist, sollte auch nützlich sein. Es gibt keinen Widerspruch zwischen Schönheit und Nutzen. Form und Funktion müssen harmonisch miteinander verschmelzen. Drittens: Was schön und nützlich ist, sollte auch langlebig sein. Was wir heute produzieren und herstellen, sollte eine lange Lebensdauer haben. Eingebaute Obsoleszenz (Alterung) ist Gewalt gegen die Natur. Diese Formel – schön, nützlich und dauerhaft – sollte das Studium der Wirtschaftswissenschaften prägen.

Wir können etwas über diese Formel lernen, indem wir die Natur betrachten und genau untersuchen, was sie hervorbringt. Bäume sind schön. Sie sind schön anzusehen, sie haben ein natürliches Gleichgewicht und Proportionen, aber sie haben auch einen großen Nutzen. Sie absorbieren Kohlendioxid und liefern Sauerstoff. Sie bieten Vögeln Schutz, die in ihren Ästen nisten, und sie liefern Nahrung für Mensch und Tier gleichermaßen. Und schließlich haben Bäume ein langes Leben. Eine Eiche oder eine Eibe kann tausend Jahre alt werden.

Mit einer ökologischen Weltanschauung ändern wir die Einstellung, die die natürliche Welt nur unter dem Gesichtspunkt ihres Nutzens für den Menschen betrachtet. Wir erkennen die Einheit des Menschen mit allen anderen Lebewesen an. Wir erkennen den Eigenwert allen Lebens an, sowohl des menschlichen als auch des nicht-menschlichen Lebens. So, wie wir die Rechte des Menschen hochhalten, halten wir auch die Rechte der Natur hoch.

An Universitäten auf der ganzen Welt werden Studiengänge in Wirtschaftswissenschaften angeboten. Das heißt aber, sie sollten den jungen Menschen eigentlich beibringen, wie wir unseren Erden-Haushalt führen. Ich wurde einmal an die London School of Economics (LSE) eingeladen, über die ökologische Weltanschauung zu sprechen. Vor meinem Vortrag fragte ich einige der Professoren, ob sie Kurse anbieten, in denen Studenten eine ökologische Weltsicht studieren können. Sie sagten, sie böten Kurse über Umweltpolitik und -wirtschaft sowie Klimawandel und Wirtschaft an, aber nicht über eine ökologische Weltsicht als solche. Ich meinte, dass »Umwelt« und »Ökologie« nicht dasselbe sind und dass die Klimazerrüttung eine Folge des schädlichen Wirtschaftswachstums ist, während ein Studium der Ökologie das Wissen, das Verständnis und die Erfahrung des gesamten Ökosystems und der Beziehungen zwischen den verschiedenen Lebensformen fördern würde.

Die LSE hat Tausende von jungen Führungskräften aus der ganzen Welt in den Techniken und Methoden des Wirtschaftsmanagements unterwiesen. Die Weltwirtschaft liegt in ihren Händen, und leider ist sie nicht in guter Ordnung. Denn die LSE lehrt keine Ökologie. Das bedeutet, dass sie nicht vermittelt, was der Erden-Haushalt ist. Sie bringen den Studenten bei, etwas zu verwalten, ohne ihnen beizubringen, *was* sie verwalten sollen! Dies ist nicht nur ein Problem an der LSE. Universitäten in allen Ländern der Welt lehren Ökonomie ohne eine Grundlage in Ökologie. Es ist ein Problem unseres gesamten Bildungssystems. Wir haben die wahre Bedeutung von »Ökonomie« vergessen.

Der Verwaltung von Geld wird viel Aufmerksamkeit geschenkt. Die Wirtschaft wurde auf die Verwaltung von Geld und Finanzen im Interesse einer bestimmten Gruppe von Menschen reduziert, anstatt im Interesse aller Mitglieder unseres irdischen Haushalts. Die Integration von Ökologie und Ökonomie ist unerlässlich. Aus diesem Grund habe ich die LSE ermutigt, eine ökologische Weltsicht anzunehmen, indem sie zur LSEE wird, zur London School of Ecology and Economics, und öffentlich und unmissverständlich erklärt, dass das gesamte Studium an der Universität von einem Verständnis unseres irdischen Haushalts und seiner ordnungsgemäßen Verwaltung untermauert sein müsse. Durch eine solch mutige Entscheidung, die LSEE zu werden, würden andere Universitäten aufmerksam und erkennen, dass die Lehre der Ökonomie ohne die Lehre der Ökologie unvollständig ist. Indem sie die ökologische Weltsicht ausblenden, bleiben die akademischen Einrichtungen auf der ganzen Welt Teil des Problems.

12

Eine Wirtschaft der Liebe

Geld ist wie Liebe: Es tötet langsam und schmerzhaft den, der es zurückhält, und belebt jenen, der es seinen Mitmenschen zuwendet.

KHALIL GIBRAN

Überall auf der Welt sind die Menschen vom Geld besessen. Und abgesehen von der Führung eines kleinen Landes – Bhutan – unterliegen alle Nationen der Welt dem Bann des Wirtschaftswachstums. Das Wachstumsparadigma hat heute im Grunde den Platz einer Religion eingenommen. Es ist der einzige gemeinsame Faktor, der fast die gesamte Menschheit verbindet. Es ist der gesichtslose Kaiser, der schließlich die Welt erobert hat. Dieses Drängen auf immer höheres Wirtschaftswachstum zwingt uns zu einer Reihe von Entscheidungen, die uns letztlich nicht helfen, die brennenden Probleme unserer Zeit zu lösen, sondern uns vor die größten Herausforderungen stellen, die die Menschheit je erlebt hat.

Nehmen wir die Vereinigten Staaten von Amerika, die seit langem zu den reichsten und am weitesten entwickelten Nationen der

Welt gehören. Und doch hat kein noch so großes Wachstum dazu beigetragen, die Probleme von Armut, Ungleichheit, Obdachlosigkeit und Krankheit zu lösen. Hinzu kommt, dass die Vereinigten Staaten im Laufe der Jahre immer gewalttätiger geworden sind. Waffengewalt und Amokläufe haben die Welt immer wieder schockiert. Der Drogenmissbrauch hat überhandgenommen. Immer mehr Menschen in Amerika sind von Opiaten abhängig. Es scheint kein Ende der Gewalt, der Verderbtheit und der Depression zu geben, die diese reichste aller Nationen plagen.

Wenn dies der Zustand einer Nation mit einer so starken Wirtschaft ist – ein Vorreiter des Wirtschaftswachstums, mit relativ großen Mengen an Land und natürlichen Ressourcen – welche Hoffnung kann es dann für andere Länder geben?

Die schlichte Wahrheit ist, dass das Streben nach Wirtschaftswachstum nicht zur Überwindung der Armut führen wird. Das Wirtschaftswachstum wird von Zahlen getrieben und von den Prozessen der kurzfristigen Maximierung privaten Gewinns und der langfristigen Ausbeutung von Mensch und Natur. Wirtschaftswachstum kann die Armut nicht beseitigen, denn es wird unweigerlich eine neue Klasse von Armen hervorbringen, die abgehängt wird. Die sanfte Fahrt auf der betonierten Straße des Wirtschaftswachstums ist eine totale Illusion, von der wir uns befreien müssen, wenn wir die langfristigen Schäden für die Erde und ihre Bewohner beenden wollen. Unaufhörliches Wirtschaftswachstum auf einem endlichen Planeten ist nicht machbar. Es muss eine Zeit kommen, in der wir sagen: genug ist genug. Stattdessen können und müssen wir uns auf ein neues Paradigma zubewegen, das unseren Schwerpunkt vom Wirtschaftswachstum auf das Wachstum des Wohlbefindens verlagert: eine Liebeswirtschaft, die nur entstehen kann, wenn die Menschen sich wieder mit dem Land verbinden und die freudige und liebevolle Beziehung schätzen, die es zu bieten hat. In Verbindung mit einer wiederbelebten Kunst- und Handwerksbewegung, die allen ermöglicht, ihren Lebensunterhalt zu verdienen, können wir viele der Probleme, die die Gesellschaften weltweit plagen, aus der Welt schaffen. Moderne Annehmlichkeiten werden dann das Sahnehäubchen auf dem Kuchen sein. In der heutigen Gesellschaft wird der Zuckerguss mit dem Kuchen verwechselt, und diese Art des Zuckerrausches bedeutet den Untergang für alle.

Die Führungspersönlichkeiten von morgen werden jene sein, die diese Botschaft einer Wirtschaft der Liebe, die im Land, in der Kunst und im Handwerk verwurzelt ist, heute ernst nehmen, auf neuen Ideen aufbauen und Führungsmöglichkeiten für eine neue Ära ergreifen, die nicht durch bloßes wirtschaftliches Wachstum, sondern auch durch Wachstum an Weisheit, Erfüllung und Glück gekennzeichnet ist.

Dies ist der wahre Maßstab für Wachstum, neu definiert für eine neue Generation. Eine Wirtschaft der Liebe bietet den Menschen grenzenlose Möglichkeiten, in sinnvollen Tätigkeiten zu wachsen und zu gedeihen, anstatt sich in sinnlosen Jobs aufzureiben und Wegwerfwaren nachzujagen.

Oikonomia – die Bewirtschaftung des Haushalts – kann, wenn sie in ihrer wahren Bedeutung verstanden wird, eine Kraft für das Gute sein. Die Ökonomie der Natur hat den Planeten über Millionen von Jahren am Leben erhalten, aber das moderne Wirtschaftswachstum, wie es von den Menschen definiert wurde, hat unsere Widerstandskraft und unsere Stärken in weniger als ein paar Hundert Jahren untergraben.

Nationen, die von grenzenlosem Wachstum besessen sind, begeben sich auf einen gefährlichen Pfad und versuchen das Unmögliche. Im Rückblick auf die letzten hundert Jahre ist offensichtlich, dass bloßes Wirtschaftswachstum nicht ausreicht, um unsere Bürger gut zu ernähren, zu kleiden, zu behausen und zu bilden, ganz zu schweigen von ihrem Wohlbefinden und Glück.

Es ist an der Zeit, das lineare Konzept des Wirtschaftswachstums hinter uns zu lassen, das uns die Bürden eines fehlgeleiteten Konsums und der Umweltverschmutzung beschert hat und letztlich nur zur Zerstörung unseres Planeten führen kann. Wirtschaftswachstum wurde erreicht durch die Verschmutzung unserer Ozeane, das Abbrennen unserer Regenwälder, die Degradation unserer Böden, die Zerstörung unserer Artenvielfalt und die Unterdrückung unserer Bevölkerung durch schlechtbezahlte Arbeit und unzumutbare Arbeitsbedingungen. Wollen wir ein solches Wirtschaftswachstum? Die Wirtschaft der Natur zelebriert ein Kreislaufmodell, in dem alles wiederum alles andere unterstützt.

Im Gegensatz zur zerstörerischen Natur einer linearen Wirtschaft ist eine Kreislaufwirtschaft das System einer nachhaltigen und regenerativen Wirtschaft. Wir müssen die geldbasierte Wirtschaft durch eine auf Liebe beruhende Wirtschaft ersetzen. Die Erde gibt allen Lebewesen alles als Geschenk. Die Wirtschaft der Natur ist also eine Liebeswirtschaft. Geld sollte Tauschmittel und nicht Maßstab für Reichtum sein. Wahrer Reichtum ist an der Gesundheit unseres Landes, unserer Menschen und unserer Vorstellungskraft zu messen.

Die Ökonomie der Bildung wäre ein weiteres Beispiel für eine Liebesökonomie. Die meisten Menschen, die zum Unterrichten berufen sind, arbeiten hier, weil sie Kindern beim Lernen, Wachsen und Reifen helfen wollen. In ähnlicher Weise ist die Wirtschaft der Medizin eine der Liebesökonomie. Krankenschwestern und Ärzte kümmern sich um Kranke, weil sie berufen sind, zu dienen, zu heilen und für die Bedürftigen zu sorgen. Die Wirtschaft der Kunst und des Handwerks ist eine Liebesökonomie, in der Künstler und Handwerker ihr Handwerk, ihre Musik, ihren Tanz, ihre Poesie, ihre Malerei, ihre Töpferei und ihre Tischlerei lieben. Wenn die gesamte Produktion von Waren und Dienstleistungen mit Liebe erfolgen würde, gäbe es mehr Schönheit und Kreativität, mehr Phantasie und Freude, mehr Glück und Harmonie.

Im Paradigma des Wirtschaftswachstums werden Produktion und Konsum zum Lebenszweck. Die Natur wird zur bloßen Ressource für das Geldmachen. Die Menschen werden zum Instrument für den Betrieb der Geldmaschine. Aber in einer Wirtschaft der Liebe sind Erzeugung und Verbrauch nur Mittel zum Zweck.

Das eigentliche Ziel ist das menschliche Wohlbefinden und das Wohl des Planeten. Es ist das dringende Gebot unserer Zeit, vom Wirtschaftswachstum zum Wachstum des Wohlbefindens überzugehen, von einer Wirtschaft des Geldes zu einer Wirtschaft der Liebe.

13

Lokalismus

Durch die Berührung der Liebe
wird jeder zum Dichter.

PLATON

Eine Zeit der Krise ist auch eine Zeit der Chancen. Im Zusammenhang mit dem aufkommenden Rechtspopulismus haben wir die Möglichkeit, neu über die Bedeutung von Globalisierung und Nationalismus nachzudenken. So wollten die Brexiteers beispielsweise die Macht nach Großbritannien zurückholen und wieder Kontrolle übernehmen. In ähnlicher Weise wollen die rechtsgerichteten Republikaner dies in den USA tun. »Amerika first« und »Make Amerika Great Again« sind natürlich nur Slogans, und wir dürfen nicht vergessen, dass es im Leben um mehr geht als um Slogans.

Auf der einen Seite wollten die Brexiteers aus der Europäischen Union ausscheiden, auf der anderen Seite wollen sie noch mehr Globalisierung. Sie wollen mit der ganzen Welt Handel treiben, mit Neuseeland und Australien, mit Asien und Afrika und mit

Amerika. Dies wird zu einem noch größeren Transport von Waren und Dienstleistungen rund um den Globus führen. Wie viel mehr fossile Brennstoffe werden benötigt, um Produkte und Dienstleistungen von Kontinent zu Kontinent zu transportieren? Welche Auswirkungen wird dieser globale Handel auf die Umwelt haben? In welchem Maße wird er die Klimaveränderungen beschleunigen? Und wer wird von diesen globalen Transaktionen profitieren?

Nur die Global Player, die multinationalen Konzerne und die großen Unternehmen profitieren davon. Die Reichen werden noch reicher, während die Armen arm bleiben. Die Globalisierung wird die Abhängigkeit von billigen Arbeitskräften im Ausland erhöhen, während die Arbeitslosigkeit im Inland, die Umweltverschmutzung und die Verschwendung natürlicher Ressourcen zunehmen. Die Verbindung von engstirnigem Nationalismus und kommerziell orientiertem Globalismus wird zu Ungleichheit, Nicht-Nachhaltigkeit und Unzufriedenheit führen.

Jetzt ist es an der Zeit für eine neue Vision des Lokalismus, in der die Menschen wirklich die Kontrolle über ihr Leben, ihre Wirtschaft, ihre Gemeinschaften und ihre Kulturen zurückerlangen und zugleich dem sinnlosen Missbrauch der Umwelt ein Ende setzen.

Liebe zum Lokalismus bedeutet eine Stärkung der lokalen Wirtschaft, der lokalen Kulturen und der lokalen Besonderheiten. Unter dem Banner des Lokalismus wird die Kreativität der einfachen Menschen durch Kunst und Handwerk gefördert. Wirtschaft und Handel haben ihren Platz in der Gesellschaft, aber sie müssen an ihrem Platz bleiben und dürfen unser Leben nicht beherrschen. Im Leben geht es um mehr als Kommerz und Konsum. Es geht um Gemeinschaften und Kultur, um Schönheit und Nachhaltigkeit, um Fähigkeiten und Berufe. Und der Mensch ist mehr als bloß Konsument: Er ist ebenso Schöpfer.

Die Liebe zum Lokalen fördert die Eigenständigkeit. Die Menschen bauen gesunde und nahrhafte Lebensmittel an und essen sie auch, sie bauen schöne Häuser, stellen Gebrauchsgegenstände her, fördern Kunst und Handwerk und setzen Wissenschaft und

Technik sinnvoll ein. Idealerweise sollten etwa 60 Prozent der Waren und Dienstleistungen lokal, 25 Prozent national und nur 15 Prozent global beschafft werden. Erst wenn dieses Gleichgewicht wiederhergestellt ist, haben wir wirklich die Kontrolle über unsere Wirtschaft zurückerlangt.

Es ist wichtig zu erkennen, dass Lokalismus und Internationalismus einander ergänzen. Wir müssen global denken, aber lokal handeln. Wir können dies als »Glokalismus« bezeichnen, der weit entfernt ist von Fremdenfeindlichkeit oder einem Überlegenheitskomplex. Engstirniger Nationalismus ist ein Produkt kleiner Köpfe und großer Egos, Glokalismus steht für große Köpfe und kleine Egos. Glokalisten achten und respektieren alle Kulturen, alle Nationen, alle Rassen und alle Glaubensrichtungen. Gegenseitigkeit und Wechselseitigkeit sind die Mantras der Glokalisten. Wir glauben an den internationalen Austausch von Ideen und Kunst, Musik und Poesie, Tanz und Theater, Wissenschaft und Philosophie.

Mahatma Gandhi sprach von einer Dezentralisierung von Wirtschaft und Politik. Dezentralisierung erfordert Lokalisierung. E. F. Schumacher sagte, klein ist schön (*small is beautiful*) und empfahl, die Wirtschaft auf einer menschlichen Ebene zu halten, nicht auf einer globalen. Wir müssen uns wieder auf die Weisheit dieser Vordenker besinnen und eine Wirtschaft organisieren, die sozial gerecht, ökologisch nachhaltig und spirituell erfüllend ist. Diese Wirtschaft muss auf menschlicher Vorstellungskraft, menschlichen Fähigkeiten, menschlicher Kreativität, menschlicher Autonomie, menschlichem Geist und vor allem auf Liebe beruhen. Lokale Ökonomien bringen allen Menschen persönliches und gesellschaftliches Wohlergehen, während die globalen Ökonomien auf die Maximierung finanzieller Gewinne für das 1% ausgerichtet sind – auf Kosten des gesellschaftlichen Zusammenhalts, der ökologischen Integrität und der menschlichen Vorstellungskraft.

Wir haben keine Zeit für Verzweiflung. Wir haben keine Zeit für Pessimisten. Pessimisten können keine Aktivisten sein. Um

Aktivisten zu sein, müssen wir Optimisten sein. Wir müssen den Mut haben, zu unseren Überzeugungen zu stehen. Wir müssen mit Hoffnung vorangehen. Wie Václav Havel sagte: »Hoffnung ist nicht die Überzeugung, dass etwas gut ausgehen wird, sondern die Gewissheit, dass etwas sinnvoll ist, ganz gleich, wie es am Ende ausgeht.«

Die Zeit für den Aufbau lokaler Wirtschaftssysteme ist gekommen! Die amerikanische Dichterin Clarissa Pinkola Estés erinnert uns: »Wenn ein großes Schiff im Hafen liegt und vertäut ist, ist es sicher, daran gibt es keinen Zweifel. Aber dafür werden große Schiffe nicht gebaut.« Große Schiffe fahren auf das Meer hinaus, stellen sich den Stürmen und segeln hindurch. Wir sind in der Lage, durch die Stürme des Rechtspopulismus zu segeln. Jetzt ist die Zeit der Umweltschützer, der Dezentralisten, der Lokalisten, der Künstler und Aktivisten. Können wir uns der Herausforderung stellen? Können wir eine Bewegung des Lokalismus von unten nach oben aufbauen? Eine Graswurzelbewegung der Selbständigkeit und eine Wirtschaft der Liebe? Die Natur selbst ist unser Vorbild. Die Natur ist selbsterhaltend und dezentralisiert. Eine Wirtschaft der Natur ist eine lokale Wirtschaft, frei von Verschwendung und Verschmutzung, frei von Hetze und Ausbeutung. Wir müssen von der Natur lernen und die Wirtschaft vor Ort entwickeln, dann wird es auch uns gelingen, unsere Wirtschaft von Verschwendung und Verschmutzung zu befreien und Umweltgerechtigkeit und soziale Gerechtigkeit in Übereinstimmung zu bringen.

14

Städte

Neue Ideen müssen alte Gebäude nutzen.

JANE JACOBS

Als ich einen Freund in seinem Büro in der Nähe der Oxford Street im Zentrum von London besuchte, fragte er mich nach einer Tasse Tee, ob ich seinen Garten sehen wolle. Ich war überrascht: ein Garten inmitten von so vielen Büros, Supermärkten und Kaufhäusern? Aber ich folgte meinem Freund, der uns auf das Dach führte. Zu meiner großen Freude gab es hier einen wunderschönen Garten – eine Dachterrasse voller Kräuter, Blumen und anderer Pflanzen, und es gab sogar Bienenstöcke.

Mein Freund reichte mir einen Topf mit Honig und erklärte, er habe ihn direkt vor Ort erzeugt. »Die Bienen bestäuben die Pflanzen und geben uns süßen, köstlichen, heilenden Honig«, sagte er stolz. »Und das alles mitten in London, ist das nicht ein Wunder?« Für mich war es eine inspirierende Erfahrung, denn ich hatte nie zuvor Bienenstöcke und üppige Gärten auf dem Dach eines Gebäudes im Zentrum Londons gesehen.

Die Leute denken, die Stadtmitte Londons sei ein Betondschungel. Um solche Gärten zu haben und solchen Luxus zu genießen, müssten wir das Zentrum verlassen oder, besser noch, aufs Land ziehen. Aber wenn man alle Dächer Londons zusammenzählt – die der Wohnhäuser, Büros, Schulen, Hochschulen und Krankenhäuser –, stehen Tausende von Hektar ungenutzter Fläche zur Verfügung, die kultiviert werden können. Nun multipliziere man das mit allen großen Städten der Welt. Warum nicht all diese leeren Dachflächen nutzen, um Salate und Beeren anzubauen und Honigbienen ein Refugium zu bieten?

Mein Freund versteht die wahre Bedeutung des Wortes *company (Gesellschaft), das aus d*en lateinischen Wörtern *com* – zusammen – *und pane – Brot – gebildet ist*. Nur wenn Menschen ihr Brot miteinander teilen, können sie wirklich eine *company*, ein Unternehmen werden. Deshalb sollten Büros nicht nur Dachgärten, sondern auch Küchen haben, in denen gemeinsam frische Mahlzeiten zubereitet und zu Mittag gegessen werden.

Wenn ich eine Firma besuche, frage ich meine Gastgeber, ob sie eine *company*, ein Unternehmen sind. Die Antwort ist immer ein klares Ja.

»Natürlich sind wir ein Unternehmen!«

»Dann zeigen Sie mir Ihre Küche«, fordere ich sie lächelnd auf.

»Wie meinen Sie das? Wir sind doch kein Restaurant.«

»Aber um eine *company*, ein Unternehmen zu sein, muss man sein Brot miteinander teilen. Wenn Sie keine Küche haben und Ihr Brot nicht backen und miteinander teilen, wie können Sie dann ein Unternehmen sein?«

Es berührt mich immer wieder, wenn meine kleine Rede über den Ursprung des Wortes die Menschen anregt, positiv auf diese Idee zu reagieren. Sie können sich gut vorstellen, dass es mehr

Zusammenhalt gäbe, wenn sie die Mahlzeiten gemeinsam einnehmen. Es gäbe mehr Gemeinschaftsgefühl und Miteinander im Unternehmen, und das würde es besser und stärker machen.

Es gibt nicht nur Unmengen leerer Dachflächen, die nur darauf warten, für die Begrünung jeder Stadt genutzt zu werden, sondern auch Unmengen von Wandflächen, die in vertikale Gärten verwandelt werden könnten. In einigen Städten haben ökologisch orientierte Gärtner erfolgreich mit dem Anbau von Erbsen, Bohnen, Karotten und Blumen an den Wänden experimentiert.

In sonnigen Städten rund um den Globus warten Hochhauswände darauf, in vertikale Gärten verwandelt zu werden. Diese hängenden Gärten würden nicht nur Lebensmittel und Blumen hervorbringen, sondern auch für eine zusätzliche Isolierung sorgen und eine natürliche Klimaanlage gegen die Hitze darstellen. Und in allen Städten, ob im Norden oder im Süden, hätten Wand- und Dachgärten den wichtigen Vorteil, dass sie der Umwelt große Mengen an Kohlendioxid entziehen und so zur Abschwächung der Auswirkungen der Klimaveränderungen beitragen. Und wenn wir von Zeit zu Zeit unsere Schreibtische und Bildschirme verlassen, um uns um Rosen und Rosmarin, Thymian und Tomaten zu kümmern, uns mit dem Boden zu verbinden und uns von der Technik zu lösen, werden wir zu gesünderen Menschen.

Gartenarbeit ist nicht nur gut für die Ernährung unserer Bäuche, sondern auch für unseren Körper, unseren Geist und unsere Seele. Sie wirkt heilsam. Für alle, die lange Tage am Schreibtisch sitzen, bietet die gelegentliche Arbeit im Dachgarten, das Bearbeiten des Bodens und die Pflege des Komposts, Abwechslung und Bewegung, ohne dass Kosten für ein Fitnessstudio anfielen oder es notwendig wäre, auf einem Laufband zu laufen. Dach- und Wandgärten sind mehr als nur eine Neuheit und eine optische Wohltat, sie sind für die Gesundheit der Stadtbewohner unerlässlich.

Die Städte dürfen nicht als Hindernis für Nachhaltigkeit betrachtet werden. Nahezu 50 Prozent der Weltbevölkerung leben heute in Städten. Diese Menschen werden sich nicht plötzlich für einen ländlichen Lebensstil entscheiden. Stattdessen müssen wir unsere Städte in Orte des nachhaltigen Lebens verwandeln, und das ist durchaus machbar.

Ein weiterer Schritt in Richtung nachhaltige Städte ist die Nutzung von Solarenergie. Solarzellen können auf allen städtischen Dächern in die Gärten integriert werden. Anstatt für Solarpaneele Ackerland zu nutzen, können wir die Dächer der städtischen Gebäude nehmen, wo es neben unseren grünen Gärten Solarpaneele geben könnte. Es besteht keine Notwendigkeit, nahrungsmittelproduzierendes Land in energieproduzierende Solarparks zu verwandeln. Wir müssen fruchtbare, von Sonne beschiene Felder für die Lebensmittelproduktion erhalten.

Wenn wir auf den Dächern der Stadt Sonnenenergie gewinnen, können wir dort auch Wasser sammeln. Dieses Wasser wäre sehr nützlich für die Bewässerung der Dachgärten und vertikalen Wandgärten. Die Wolken bringen das Wasser kostenlos und ohne den Einsatz fossiler Brennstoffe auf alle Dächer. Regenwasser ist ein großzügiges Geschenk der Natur. Wir sollten es wertschätzen und stets sammeln. Mit Dachgärten, Wandgärten, Sonnenkollektoren und Wassergewinnung können wir unsere Städte unabhängiger von weit entfernten Ressourcen machen und damit Hindernisse auf dem Weg zu umweltfreundlichen Städten abbauen.

15

Ein Kontinuum zwischen Stadt und Land

Zweifeln Sie nie daran, dass eine kleine Gruppe
aufmerksamer, engagierter Bürgerinnen und Bürger
die Welt verändern kann;
in Wahrheit ist es das Einzige, was jemals geschehen ist.

MARGARET MEAD

Wenn wir unsere Städte lieben, dann müssen wir sie lebenswert und nachhaltig gestalten. Außerdem müssen wir sie in einem menschlichen Maßstab halten. Die ideale Größe einer Stadt sollte nicht mehr als zwei Millionen Menschen betragen. Ein Bürger sollte in jeder Stadt zu Fuß ein Restaurant, eine Bibliothek, ein Theater oder ein Geschäft erreichen können. Städte in dieser Größenordnung sollten von einer blühenden und lebendigen Landschaft mit Bauernhöfen, Obstgärten und Dörfern umgeben sein. Für eine nachhaltige und regenerative Zukunft brauchen wir ein harmonisches Gleichgewicht zwischen Stadt und Land.

Vor dem Hintergrund der konsumorientierten Kultur Hongkongs mag der Gedanke des Umweltschutzes wie ein Widerspruch in sich klingen. Hongkong Island ist zwar ein wichtiges globales Finanzzentrum und Sitz multinationaler Unternehmen, aber auch nur eine von über zweihundert Inseln, aus denen die Region Hongkong besteht. Nur 25 Prozent des Verwaltungsgebiets von Hongkong sind bebaut, und dort leben acht Millionen Menschen, während die restlichen 75 Prozent des Landes aus Hügeln, Wäldern, Grasland, Feldern und Farmen bestehen. Von den vierhundert Quadratmeilen des Territoriums müssen dreihundert Quadratmeilen erhalten, gepflegt, kultiviert und vor dem nie versiegenden Appetit der Industrie und ihrer Entwickler geschützt werden.

Diese sogenannten Entwickler betrachten eine unberührte Landschaft mit Wiesen und Feldern als Gebiete, die nur darauf warten, erschlossen zu werden, aber Hongkong hat, wie jedes große Zentrum, seine Ökokrieger, die für den Schutz solcher Gebiete kämpfen, und ich bin froh, einige von ihnen zu meinen persönlichen Freunden zählen zu können. Sie sind die Verteidiger des sogenannten »unerschlossenen Landes« und geben wunderbare Beispiele, die zeigen, dass es neben der Wirtschaft der Banken, Konzerne und Bauunternehmen noch eine andere Wirtschaft gibt. Es ist die Wirtschaft der Natur, die uns immer wieder daran erinnert, dass die natürlichen Ressourcen nicht bloß ein Mittel zum Zweck sind, sondern dass die Natur die nährende Quelle allen Lebens ist.

40 Prozent des Verwaltungsgebiets von Hongkong sind als Landschaftsparks und Naturreservate ausgewiesen. Nur wenige Menschen wissen von dieser Tatsache. Obwohl ein Großteil des primären Regenwaldes nach dem Zweiten Weltkrieg von Bauunternehmen gerodet wurde, als ein Bauwut-Tsunami die Region überrollte, gibt es immer noch sekundäre Regenwälder, die gerettet und geschützt werden müssen.

Einer der Verfechter dieser Naturschutzbewegung ist die Kadoorie Farm mit botanischem Garten, die von meinem Freund Andrew McAulay geleitet wird. Er und sein Team von zweihundert Mitarbeitern setzen sich mit Fleiß und Hingabe für die Ideale der Einfachheit, Nachhaltigkeit und Spiritualität ein. Gemeinsam bewirtschaften sie dreihundertfünfzig Hektar mit Permakultur und

Waldbau. Außerdem führen sie ein Bildungsprogramm für örtliche Schulen durch und heißen Besucher aus aller Welt willkommen. Die Kadoorie Farm wurde in den 1950er-Jahren von Andrews Onkel mit der Absicht gegründet, armen Bauern die Möglichkeit zur Selbsthilfe zu geben.

Andrew ist nicht bloß Naturschützer; er ist Dichter und Philosoph. Er hat sich für ein Leben im Dienst des Planeten und seiner Menschen entschieden. Durch seine Arbeit zur Förderung, zum Schutz und zur Verbesserung der biologischen Vielfalt, des Umweltbewusstseins und der Nahrungsmittelproduktion hat Andrew gezeigt, dass selbst in einem Wirtschaftszentrum wie Hongkong die Menschen mit gutem Beispiel vorangehen können, wenn es darum geht, die Natur zu bewahren und die Zukunft zu schützen.

»Nachhaltigkeit ist ohne Spiritualität nicht denkbar«, sagt Andrew. »Umweltschützer sind wir weniger aus Furcht, sondern aus Liebe; wir lieben die Natur, wir lieben Tiere, Pflanzen, Vögel und Insekten. Eigentlich alles Leben. Wir möchten, dass die Menschen die Kadoorie Farm besuchen und sehen, wie wir die Natur erleben und die Schönheit, Großzügigkeit und Fülle des Lebens erfahren. Wenn unsere Besucher die verlockenden und lebendigen Qualitäten des natürlichen Lebens sehen, riechen, schmecken und berühren, begegnen sie etwas Magischem, Geheimnisvollem und Lebendigem.«

Der Hof ist zu einem leuchtenden Beispiel für Agrarökologie, Permakultur, natürliche Landwirtschaft und ökologischen Landbau geworden. Die Lebensmittelproduktion wird als integraler Bestandteil der Erhaltung von Flora und Fauna verstanden.

»Wir alle brauchen Lebensmittel. Ohne sie können wir nicht überleben, aber auf Lebensmittelerzeuger und Bauern wird herabgesehen. Ihnen wird wenig Respekt gezollt. Die Arbeit der Kadoorie Farm besteht demnach auch darin, den Bauern ihre Würde zurückzugeben«, so Andrew.

Und er hat recht. Die Werte und Prioritäten der modernen Welt sind dermaßen verzerrt, dass es kein Wunder ist, dass sich das

Leben auf unserem Planeten in einem so schlechten Zustand befindet.

Die Kadoorie Farm ist nicht nur ein landwirtschaftliches Zentrum, sondern auch eine Bildungseinrichtung, wo ich das Vergnügen hatte, einen Kurs mit dem Titel »Wiederverbindung mit unseren Wurzeln: Geist, Kultur und Natur« zu geben. Die Kurse finden im Green Hub statt, einer restaurierten Polizeistation aus dem Jahr 1899 in der Stadt Tai Po. Die Kadoorie Farm hat in Zusammenarbeit mit der Regierung von Hongkong diesen wichtigen historischen Ort ökologisch renoviert, um die Vision für ein nachhaltiges Leben zu vermitteln und gleichzeitig die Umwelt zu achten und zu schützen. Der Green Hub liegt auf einem Hügel und ist von einem alten Wald umgeben, der eine Oase des Friedens, der Ruhe und Stille darstellt. Menschen aus ganz Hongkong kommen, um diese phantasievoll und ansprechend restaurierte alte Polizeistation zu besichtigen und in der Eat Well Canteen leckeres gesundes und biologisches Essen zu genießen. Die Leitgedanken dieses Restaurants sind, die Menschen zu ermutigen, saisonale und lokal erzeugte gesunde Lebensmittel zuzubereiten, Abfall zu vermeiden und sich vom Fleischkonsum abzuwenden. Diese Grundsätze mögen heutzutage vielen banal erscheinen, aber im Kontext der in Hongkong vorherrschenden Esskultur sind sie ein revolutionäres Konzept.

Die Eat Well Canteen ist nicht allein mit ihrer Mission. Im Herzen von Hongkong Island gibt es ein weiteres Lokal, das ähnliche Ideale verfolgt. Es handelt sich um ein vegetarisches Restaurant namens MANA!, das von Bobsy Gaia gegründet wurde, der seit 2012 Pionierarbeit auf dem pflanzlichen Fast-Casual-Markt in Hongkong geleistet hat. Trotz seines beharrlichen Engagements und seiner Entschlossenheit muss Bobsy zugeben, dass die Führung eines umweltfreundlichen Unternehmens in Hongkong keine leichte Aufgabe ist.

»Die Menschen in Hongkong sind sehr beschäftigt«, sagte Bobsy. »Darum möchte ich ihnen langsam und sorgfältig zubereitetes Fast-Food anbieten. Ich möchte beweisen, dass man qualitativ hochwertiges Essen mit frischen Zutaten und ohne Abfall zubereiten kann. Aus den Lebensmittelabfällen bereiten wir Kompost. Das sind sogar zwei Tonnen pro Monat. Diese Abfälle werden an Biobetriebe weitergeleitet, wo sie zu Nahrung für den Boden werden. Lebensmittelverschwendung ist ein Verbrechen an der Natur! Unser Motto lautet ›Eat Like It Matters‹.«

Als ich Bobsy bei einem gemeinsamen Essen in seinem wunderbaren Restaurant zuhörte, dachte ich über die Ironie einer modernen Welt nach, in der hungrige Menschen Schlange stehen, um etwas zu essen zu bekommen, während vierzig Prozent der Lebensmittel in den Haushalten, Restaurants und Supermärkten der sogenannten entwickelten Länder weggeworfen werden, weil sie nach wie vor erschreckend ineffizient mit Lebensmitteln umgehen.

»Das Wort *Hongkong* bedeutet ›duftender Hafen‹«, erklärt Bobsy. »Einst exportierte man Holz, etwa Sandelholz, das im Hafen von Hongkong einen süßen Geruch verströmte. So erhielt die Insel ihren Namen. Das aromatische Holz wird zwar nicht mehr exportiert, aber der Duft unserer Lebensmittel und die duftende Flora sind noch da und müssen bewahrt werden.«

Die Aktivitäten von Andrew und Bobsy sind zwei schöne Beispiele für eine Arbeit, die in der Liebe zur Natur, zu den Menschen und zur Erde wurzelt. Für sie ist die Liebe ein integraler Bestandteil eines planetarischen Bewusstseins. Jede auf ihre Weise erinnern uns die Kadoorie Farm und MANA! an die Harmonie, die zwischen Stadt und Land nicht nur möglich, sondern unerlässlich ist. Darüber hinaus bieten sie Inspiration und gute Beispiele.

16

Bhutan

Der Zweck unseres Lebens ist es, glücklich zu sein, und die Quellen des Glücks sind Zufriedenheit, Mitgefühl und Liebe.

DALAI LAMA

Als der vierte Drachenkönig von Bhutan, Jigme Singue Wangchuck, 1972 bei einem Besuch in New York nach dem Bruttosozialprodukt seines Landes gefragt wurde, antwortete er dem Journalisten, dass er es nicht kenne, und fügte hinzu, dass für ihn das Bruttonationalglück (GNH = Gross National Happiness) wichtiger sei.

Diese geniale spontane Antwort erregte die Aufmerksamkeit der Welt und machte Schlagzeilen. Seitdem sprechen Sozialaktivisten, Umweltschützer und Wirtschaftswissenschaftler auf der ganzen Welt über das GNH. Sogar mehrere Regierungen haben begonnen, Glück und Wohlbefinden zusätzlich zum Bruttosozial- oder Bruttoinlandsprodukt zu messen. Im Jahr 2011 verabschiedete die Generalversammlung der Vereinten Nationen eine Resolution, die das GNH zu einem festen Bestandteil der Entwicklungsideale machte. Die Menschen wachen auf und sehen eine neue Vision, bei welcher der Schwerpunkt vom Wirtschaftswachstum auf das Wachstum von Wohlbefinden und Glück verlagert wurde.

2014 starteten das Schumacher College und das GNH-Zentrum in Bhutan ein einjähriges gemeinsames Programm zum Thema »Right Livelihood« (Richtiger Lebensunterhalt), in dem die Grundsätze, wirtschaftlichen Aspekte und praktischen Anwendungen des GNH untersucht wurden. Der Kurs fand teilweise im Vereinigten Königreich und teilweise in Bhutan statt. Ich wurde eingeladen, in diesem Kurs zu unterrichten. Meine Frau June und ich reisten im März 2015 nach Bhutan: von Delhi über Kathmandu nach Paro. Der Flug über das hohe Himalayagebirge und die Aussicht auf Gipfel um Gipfel der schneebedeckten Wildnis war atemberaubend.

Paro ist der einzige internationale Flughafen in Bhutan, und im Gegensatz zu anderen Flughäfen ist er ganz einmalig; in traditioneller bhutanischer Architektur gestaltet. Wir wurden von unserer Freundin und ehemaligen Schumacher-Studentin Gabby Franco abgeholt, die in den letzten anderthalb Jahren als Freiwillige im GNH-Zentrum gearbeitet hatte. Nach einer einstündigen Fahrt kamen wir in Bhutans Hauptstadt Thimphu an und bezogen unser Hotel, das ebenfalls in traditioneller bhutanischer Architektur erbaut worden war.

Immer wieder waren wir beeindruckt, wie Häuser, Hotels, Geschäfte und Bürogebäude in diesem unverwechselbaren Stil gestaltet und sogar mit lokalen Merkmalen verziert waren. Ganz gleich, wo wir hinkamen, wir hatten immer das Gefühl, angekommen zu sein – ein Gefühl der Zugehörigkeit.

In den meisten modernen Städten ist dies nicht der Fall. Monotone Bürohochhäuser oder Wohnsiedlungen findet man in allen Ecken der Welt. Ob in Neu-Delhi oder New York, man findet sich stets im selben Betondschungel aus Hochhäusern wieder. Die einfache, geschmackvolle und farbenfrohe Architektur Bhutans war daher eine Wohltat.

Der ehemalige Premierminister von Bhutan, Jigme Thinley, ist ein Verfechter des GNH. Während meines Aufenthalts lud er zu einem Mittagessen in sein Haus ein, um über das GNH-Entwicklungsmodell zu sprechen. Jigme Thinleys wunderschönes Haus, das auf einem Hügel mit Blick auf das Thimphu-Tal liegt, war klein und einfach. Er war ein liebenswürdiger, bescheidener und gastfreundlicher Gastgeber. Außer meiner Frau und mir waren auch der ehemalige Bildungsminister Thakur Powdyel und das Gründungsmitglied des Zentrums für Bruttonationalglück, Saamdu Chetri, anwesend. Während wir zusammensaßen und ein köstliches vegetarisches Mahl genossen, wurde ich mir gewahr, wie viel Gutes in der Welt erreicht werden kann, wenn man einfach nur mit anderen zusammen ist.

Nach Jigme Thinley sind die vier Grundprinzipien des Bruttonationalglücks in Bhutan folgende:

1. Jede Entwicklung sollte von den Idealen der ökologischen Nachhaltigkeit und der wirtschaftlichen Gleichheit getragen sein.
2. Die Erhaltung der biologischen Vielfalt und der natürlichen Lebensräume sollte im Mittelpunkt aller menschlichen Aktivitäten stehen.
3. Das Land darf seine traditionelle bhutanische Kultur und seine buddhistischen Werte nicht im Namen des Fortschritts und der Modernität zerstören.
4. Eine gute, saubere Regierungsführung sollte im Mittelpunkt der Politik stehen.

Das sind natürlich wunderbare Bestrebungen, aber Jigme Thinley sprach auch davon, dass Bhutan ein kleines Land ist, das zwischen zwei riesigen, vom Wirtschaftswachstum besessenen Ländern eingezwängt ist: China im Norden und Indien im Süden. »Um glücklich zu sein, müssen wir mit beiden befreundet sein«, sagte er und räumte ein, dass auf Bhutan ein enormer Druck laste, sich der Modernität und dem Materialismus zu öffnen. Außerdem wollen sich die jungen Bhutaner mit der Verbreitung des Internets und der Werbung modernisieren. Sie wollen sich den Zugang zum Fernsehen und zur digitalen Kultur nicht verwehren lassen. Dieses kleine Land steht vor einem großen Dilemma: Wie kann es die alte Kultur bewahren und gleichzeitig im 21. Jahrhundert bestehen? Diese zentrale Frage wurde auch in unserem Kurs über den richtigen Lebensunterhalt untersucht und behandelt. »Wir müssen uns an die Lehren des Buddha und des Dalai Lama erinnern und sie beherzigen«, sagte Thinley. »Diese Lehren gemahnen uns immer wieder, dass es wichtiger ist, freudvoll zu sein als erfolgreich.«

Während unseres Mittagessens und während des gesamten Kurses drehte sich das Gespräch oft um Geld und den Unterschied zwischen Arbeit und Lebensunterhalt. Wir machen eine Arbeit, weil wir dafür bezahlt werden. Wir unterstehen den Anweisungen eines Arbeitgebers. Wenn wir uns an die Regeln eines Unternehmens halten müssen, haben wir kaum die Möglichkeit, unsere Initiative, Phantasie oder Kreativität auszuleben. In dieser Hinsicht ist der Arbeitnehmer meist nur ein Rädchen im Getriebe einer Bürokratie.

Der Lebensunterhalt ist jedoch ein Zusammenspiel von Beruf und Berufung. Mit dem richtigen Lebensunterhalt lieben wir, was wir tun, und tun, was wir lieben. Unser richtiger Lebensunterhalt erwächst aus einer inneren Berufung. Der Austausch von Geld ist lediglich ein Mittel zum Zweck. Beim Lebensunterhalt hat die Arbeit selbst einen Eigenwert. Sie vermittelt Gefühle wie Zufriedenheit, Erfüllung und Freude. Der Lebensunterhalt gründet in der Vorstellungskraft und im Schöpferischen, in der Improvisation und der Sinnhaftigkeit. Welchen Beruf man auch immer wählt, ob Koch oder Gärtner, Töpfer oder Maler, Designer oder Tänzer, man ist in erster Linie ein Macher, ein Schöpfer, ein Dichter. Das Wort

Poesie kommt von *poesis, dem* griechischen Begriff für »machen«, wie in *auto poesis,* also selbst machen. Alles, was wir mit unserer eigenen Phantasie und Initiative produzieren, komponieren oder schaffen, ist Poesie. Jede Arbeit sollte Poesie sein.

Nach dem Mittagessen führte uns Jigme Thinley in seinen prächtigen großen Garten, der voller Blumen, Obstbäume, Kräuter und Gemüse ist. Ich freute mich, einen Politiker vor mir zu haben, der stolz auf seinen Garten ist, und das sagte ich ihm. »In der Politik brauche ich meinen Kopf«, sagte er, »aber hier im Garten kann ich mein Herz nähren, meine Hände gebrauchen und mich selbst versorgen!«

1973 schrieb E. F. Schumacher einen Aufsatz mit dem Titel »Wirtschaft in einem buddhistischen Land«. Dies war das erste Mal, dass ein westlicher Wirtschaftswissenschaftler diese beiden Worte – *buddhistisch* und *Wirtschaft – miteinander verband.* Auf die Frage, was Buddhismus mit Wirtschaft zu tun habe, antwortete Schumacher: »Wirtschaft ohne buddhistische oder ethische Werte ist wie Blumen ohne Duft oder Worte ohne Bedeutung. Rechter Lebensunterhalt bringt Ethik und Arbeit zusammen.« Mit anderen Worten: Beim GNH geht es um den Lebensunterhalt, nicht um Arbeit.

Nur durch den richtigen Lebensunterhalt ist man in der Lage, Zufriedenheit, Mitgefühl und Liebe als die wahren Quellen des Glücks zu erfahren. Durch das Zusammenspiel von aufgeklärter Führung, buddhistischen Werten und den Zielen des GNH versucht Bhutan, den Weg des Lebensunterhalts zu gehen, anstatt einer Wirtschaft der bloßen Erwerbsarbeit.

Der Dalai Lama sagt, dass man kein Buddhist sein muss, um Mitgefühl und Liebe zu praktizieren, man muss nur mitfühlend und liebevoll sein. Auf jeden Fall ist Buddhismus keine Religion; er ist eine Lebensweise, die darin besteht, Mitgefühl und Liebe zu praktizieren, um Glück zu finden. Wahres Glück erlangt man nicht durch politische Macht und gesellschaftliche Stellung oder durch Geld und materielle Besitztümer. Wahres Glück entstammt der Liebe.

Bhutan ist eines der kleinsten Länder der Welt, versteckt in den Höhen des Himalaya. Es mag einfach scheinen, dort vielen Traumata unserer Zeit zu entgehen. In Wahrheit war es jedoch noch nie so schwierig, in der modernen Welt eine ökologische und spirituelle Nation zu sein. Wir dürfen aber nicht vergessen, dass die moderne industrielle Welt von Menschen geschaffen wurde und daher auch von Menschen umgesteuert und verändert werden kann.

17

Ökologische Zivilisation

Von jemandem zutiefst geliebt zu werden, gibt Kraft,
und jemanden zutiefst zu lieben, gibt Mut.

LAOTSE

Die Geschichte Chinas in den letzten Jahren ist von großen Veränderungen geprägt. Die kommunistische Revolution, die Kulturrevolution, die industrielle Revolution und die Konsumrevolution brachen in China in rasantem Tempo über das Land herein. In den letzten Jahren hat China ein beispielloses Wachstum und eine Entwicklung ohnegleichen erlebt, was zu schwerwiegenden Problemen der Luft-, Wasser- und Bodenverschmutzung geführt hat. Die rasche Industrialisierung hat auch zu einer Massenabwanderung vom Land in die neu errichteten städtischen Zentren geführt.

Als Reaktion auf die Verwüstung und Zerstörung der vielgeliebten, wertvollen natürlichen Umwelt Chinas suchten viele Bürger nach einer langfristigen Lösung. Die chinesische Religion, Kultur, Kunst, Poesie und Lebensweise sind seit langem in der Vorstellung von einem harmonischen Leben mit der Natur verwurzelt. Doch selbst eine so lange und tief verwurzelte Geschichte war der durch die schnelle Entwicklung heraufbeschworenen psychologischen und ökologischen Krise nicht gewachsen. Diese Krise bot den Chinesen allerdings die Gelegenheit, ihren Modus Operandi zu überdenken. Im Jahr 2007 tauchten ein neuer Traum und das Versprechen einer ökologischen Zivilisation auf. Die Idee wurde in der Verfassung der Kommunistischen Partei verankert, und als erster Schritt wurde in Peking die Vereinigung für eine ökologische Zivilisation gegründet, die mehrere Zweigstellen in Regionen und Provinzen in ganz China hat. Bald wurde in jedem Ministerium eine spezielle Abteilung eingerichtet, um Vision und Praxis einer ökologischen Zivilisation voranzubringen. Die vorherrschende Meinung war, dass die Generation, die derzeit in China am Ruder ist, unaufhörlich auf das Streben nach Wirtschaftswachstum fixiert ist. Ihre Denk- und Verhaltensweisen waren so sehr auf das Paradigma der industriellen Zivilisation konditioniert und ihm verpflichtet, dass die einzige Hoffnung für eine ökologische Zivilisation darin bestand, die nächste Generation auf sie vorzubereiten, bevor sie in dasselbe Paradigma hineinrutschte.

Die jüngere Generation musste informiert und in einem neuen Paradigma von Umweltschutz, Nachhaltigkeit und Ökologie unterrichtet werden. Deshalb hat das chinesische Bildungsministerium zahlreiche Programme und Kurse eingerichtet, um an verschiedenen Universitäten die Ideale und Methoden einer ökologischen Zivilisation einzuführen.

Ich wollte wissen, ob es sich bei diesem Vorstoß für eine ökologische Zivilisation um echtes Engagement für ökologische Werte im täglichen Leben oder lediglich um eine Sammlung von Slogans und Plattitüden handelte. Ich bezweifelte nicht, dass es auf intellektueller und akademischer Ebene ein Interesse am Umweltschutz gab, aber ich war neugierig auf die praktischen Anwendungen zehn Jahre nach der Gründung der Ecological Civilization Association.

Als ich 2018 an der Universität für Land- und Forstwirtschaft in der Stadt Fuzhou zu Gast war, bekam ich die Gelegenheit. Die Frage, die im Mittelpunkt unserer Überlegungen stand, war klar: Wie können wir eine ökologische Zivilisation mit wirtschaftlichem Wohlstand in Einklang bringen? Als ich über die diesem universellen Problem innewohnenden Herausforderungen nachdachte, bezog ich die Dreifaltigkeit von Boden, Seele und Gesellschaft im Kontext der chinesischen Kultur mit ein.

Die drei kulturell einflussreichsten Persönlichkeiten der chinesischen Geschichte sind Laotse, Buddha und Konfuzius. Gemeinsam legten sie das Fundament einer ökologischen Zivilisation. Wir können ihre Lehren in der Dreifaltigkeit von Boden, Seele und Gesellschaft wiederfinden. Laotse war ein Naturphilosoph, der sagte: »Die Menschen sind der Erde unterworfen, und die Erde ist ein heiliges Gefäß.« Er sagte auch: »Die Natur macht niemals einen ästhetischen Fehler, und es ist diese Vollkommenheit, die uns in Ehrfurcht innehalten lässt.« Seine Weisheit war in der Natur verwurzelt, und ich sehe ihn als Vertreter der Stimme des Bodens.

Buddha repräsentiert unsere absolute und unzweifelhafte Einheit mit dem Geist, den ich Seele nenne. Aus buddhistischer Sicht ist Ökologie nicht einfach eine äußere Angelegenheit der Organisation, sondern sollte auf dem Fundament von Liebe und Mitgefühl ruhen. Der Buddha sagte: »Strahlt grenzenlose Liebe in die ganze Welt aus, nach oben, nach unten und in alle Richtungen, ungehindert, ohne Groll und ohne Feindschaft. Liebt ohne Maß; liebt bedingungslos und absolut.«

Konfuzius fordert uns auf, die volle Verantwortung für uns zu übernehmen und in vollkommener Harmonie mit allen Menschen zu leben. Er repräsentiert die Gesellschaft. Das menschliche Wohlergehen im großen Maßstab – die Gesellschaft – bildet zusammen mit dem Wohlergehen des Planeten – dem Boden – und dem individuellen Geist – der Seele – das Ganze einer ökologischen Zivilisation.

Das Ideal einer ökologischen Zivilisation steht in engem Zusammenhang mit der von Professor Wen Tiejun initiierten Bewegung für den ländlichen Wiederaufbau. Diese Bewegung setzt sich dafür ein, die chinesische Wirtschaft durch angemessene Landnutzung, Agrarökologie, ländliches Handwerk und handwerkliche Lebensmittel wieder mit der Ökologie zu verbinden. In unseren Beratungen erinnerte uns Professor Wen an das Diktum von Präsident Xi Jinping: »China muss eine richtige Beziehung zwischen Mensch und Natur aufrechterhalten. Diese selbstverständliche Wahrheit wird oft übersehen, weil unser Land in den letzten Jahrzehnten unter dem Druck des Wirtschaftswachstums um jeden Preis stand.«

Ich fragte Professor Wen, ob es nicht einen Widerspruch zwischen den Ankündigungen von Präsident Xi Jinping und dem chinesischen Streben nach kontinuierlichem Wirtschaftswachstum gebe.

»Ja, es gibt einen offensichtlichen Widerspruch«, antwortete Professor Wen, »aber die Dinge können nicht über Nacht geändert werden. Außerdem sind nicht alle in der chinesischen Regierung mit den Idealen einer ökologischen Zivilisation einverstanden. In China herrschte große Armut, so dass die vordringlichste Aufgabe der Regierung darin bestand, Millionen von Menschen aus der Armut zu befreien. Das haben wir erreicht. Jetzt können wir unsere Richtung ändern. Der Präsident ist sowohl ein Philosoph als auch ein Politiker. Er hat gesagt: ›Es gibt nur eine Erde im Universum, und die Menschheit hat nur eine Heimat. Unsere grünen Berge und unsere sauberen Flüsse sind ebenso gut wie, wenn nicht sogar besser als Berge aus Gold und Ströme aus Silber. Wir in China wollen eine symbiotische Beziehung zwischen Ökologie und Ökonomie. Das Ziel einer ökologischen Zivilisation ist besser als das Ziel einer nachhaltigen Entwicklung. Die chinesische Zivilisation ist eine alte Zivilisation. Es gibt sie schon seit fünftausend Jahren. Wir müssen dafür sorgen, dass sie mindestens weitere fünftausend Jahre überdauert.‹«

Ich hatte auch das Vergnügen, Herrn Wang zu treffen, einen Sprecher und führenden Kopf der Chinese Ecological Civilization Research and Promotion Association in Peking. »Letztlich ist es unser Ziel, China schön zu erhalten«, sagte Wang. »Präsident Xi hat diesen Anspruch auch öffentlich erhoben. Er sagte: ›Jeder Schaden, den wir der Natur zufügen, wird irgendwann auf uns zurückfallen. Deshalb muss China der Fackelträger bei den weltweiten Bemühungen sein, die Herausforderung der globalen Erwärmung zu bewältigen, und die Ökologie den Zug der Wirtschaft steuern.‹ Es wäre absolut töricht, reine Luft, sauberes Wasser, unberührte Böden und blauen Himmel für selbstverständlich zu halten. Wenn wir die Luft verschmutzen, das Wasser verseuchen, den Boden vergiften und den Himmel mit Treibhausgasen belasten, verhalten wir uns wie ein Narr, der den Ast absägt, auf dem er sitzt. Unser Ideal ist, dass alle Nationen zusammenkommen und sich das Konzept einer ökologischen Zivilisation zu eigen machen.«

Ich war von seinen Worten bewegt, fühlte mich aber genötigt, darauf hinzuweisen, dass die Reinhaltung von Luft, Wasser und Boden mehr erfordert als politische Entscheidungen. »Wir müssen Luft, Wasser und Boden lieben«, sagte ich. »Wir schützen Dinge, die wir lieben! Diese Ressourcen sind mehr als nur Gebrauchsgegenstände; sie sind das Leben selbst. Die Liebe zum Leben ist die höchste Form der Liebe, und nur eine Zivilisation, die auf Liebe gebaut ist, wird Bestand haben.«

Man kann in jedem Land Fehler und Unzulänglichkeiten finden, aber wir müssen auch nach den Anzeichen für grüne Triebe Ausschau halten. Die Idee einer ökologischen Zivilisation ist ein bewundernswerter grüner Spross in China, der als globale Inspirationsquelle dienen kann.

18

Frieden

Wir schlafen, bis wir uns verlieben.

LEO TOLSTOI

Krieg und Frieden von Leo Tolstoi ist eine Geschichte von Liebe und Verrat, Freude und Leid, Verschwendung und Entbehrung. Vor allem aber ist es ein unmissverständliches Bekenntnis zur Sinnlosigkeit des Krieges und zur überragenden Bedeutung der Liebe als Voraussetzung für den Frieden. Nachdem er das verzweifelte Gemetzel auf dem Schlachtfeld erlebt hat, sagt Fürst Andrej zu Pierre Besuchow: »Der Krieg ist das Schlimmste, was es auf der Welt gibt. Die Menschen treffen aufeinander, um einander zu töten; sie schlachten und verstümmeln Zehntausende, und dann sprechen sie ihre Dankgebete, weil sie so viele Menschen abgeschlachtet haben. Wie kann Gott auf sie niederblicken und sie erhören?«

Wie das? Wenn nur die Präsidenten und Premierminister der Welt über diese Frage nachdenken müssten, bevor sie ein öffentliches

Amt übernehmen. Um die Wahrheit aller Wahrheiten zu akzeptieren, dass der Krieg die Hölle ist und alle Kriege in einer Katastrophe enden, müssen wir entschieden auf den Krieg als Mittel zur Lösung politischer Probleme der Welt verzichten. Das ist die von Tolstoi vermittelte Weisheit; das ist sein Geschenk an uns in *Krieg und Frieden*.

Natürlich behaupten alle kriegführenden Parteien, für höhere Ideale einzustehen. Sie behaupten, für ihre Religion zu kämpfen oder für die Demokratie oder für die nationale Sicherheit oder um die Bedrohung durch den Terrorismus zu beseitigen. Aber Religion, Demokratie und Sicherheit sind stets die größten Opfer des Krieges. Und gewöhnliche, unschuldige Zivilisten – Männer, Frauen und Kinder – werden terrorisiert, während ihre Häuser, Schulen, Geschäfte, Krankenhäuser, Moscheen und Kirchen zerstört werden. Aufgrund von Kriegen erleben viele Länder Flüchtlingswellen. Millionen von Menschen geraten in Not, sind gezwungen, aus ihrer Heimat zu fliehen und in anderen Ländern Schutz zu suchen, und das alles für das Ego und den Hochmut derjenigen, die Kriege führen, bei denen es um engstirnige Eigeninteressen, geopolitische Ambitionen und Machtbesessenheit geht. Doch nur wenige Regierungen wollen in ihrem Land Flüchtlinge haben. Die Versorgung mit Lebensmitteln, Arbeitsplätzen, Unterkünften, Bildung und Medikamenten – ganz zu schweigen von einem Gemeinschaftsgefühl – für Millionen von Menschen in kurzer Zeit ist weder eine einfache noch eine beneidenswerte Aufgabe.

Kriege führen zu Flüchtlingen. Wenn Regierungen keine Flüchtlinge haben wollen, sollten sie nicht in den Krieg ziehen. Wer in den Krieg zieht, sollte darauf vorbereitet sein, so viele Flüchtlinge aufzunehmen, wie es dann gibt. Einen Krieg zu führen und dann den Flüchtlingen die Einreise zu verweigern, geht nicht. Das gleiche gilt für Bürgerkriege. Länder, die nicht in den Konflikt verwickelt sind, haben immer noch eine internationale humanitäre Verantwortung, Menschen zu helfen, zu versorgen und aufzunehmen, die wegen eines Krieges aus ihrem Land fliehen. Und wenn die Militäraktion eines Landes Zivilisten zur Flucht veranlasst, beinhaltet das eine noch stärkere Verpflichtung, Flüchtlinge aufzunehmen und sie zu unterstützen, bis der Konflikt beendet ist und die Flüchtlinge sicher nach Hause zurückkehren können. Staaten, die in solche Kriege verwickelt sind, haben außerdem die Pflicht, die zerstörten Häuser, Krankenhäuser, Schulen, Geschäfte und Städte wieder aufzubauen, damit die Flüchtlinge ein Zuhause haben, in das sie zurückkehren können.

Die Politiker müssen sich fragen, warum sie sich für den Krieg entscheiden. Denn es gibt keine Probleme oder Streitigkeiten, die nicht letztlich durch Diplomatie, Verhandlungen, Kompromisse, Großzügigkeit und gegenseitiges Verständnis gelöst werden könnten. Die gesamte Menschheit hat trotz aller Unterschiede und Verschiedenheiten ein gemeinsames Interesse daran, in Frieden und Harmonie zusammenzuleben. Daher können und sollten die Wunden aller Streitigkeiten, Meinungsverschiedenheiten und Spaltungen geheilt werden, indem man sich über engstirnige Eigeninteressen erhebt, um das Interesse der Allgemeinheit zu wahren. Wie Mahatma Gandhi sagte: »Es gibt keinen Weg zum Frieden. Frieden ist der Weg.«

Der Weg des Friedens wird durch die Grundsätze der Liebe und der Gewaltlosigkeit geebnet. Die Regierungen müssen dazu allerdings erkennen, dass die Behauptung, »*unsere* Gewalt ist gut und gerecht«, aber »*ihre* Gewalt ist schlecht und ungerechtfertigt«, falsch ist. Gewaltlosigkeit und Liebe sind universelle Prinzipien. Wir müssen alle Formen von Gewalt auf ein Minimum begrenzen und groß angelegte organisierte Gewalt ablehnen. Politiker sollten, ebenso wie Ärzte, den hippokratischen Eid ablegen, »keinen Schaden anzurichten«, und diese Goldene Regel befolgen: Andere sind so zu behandeln, wie man selbst behandelt werden möchte.

Gewalt führt zu Gewalt. Und Liebe führt zu Liebe. Wenn man Frieden, Demokratie und Freiheit schaffen will, dann sollte man allein gewaltfreie Mittel einsetzen. Edle Ziele müssen mit edlen Mitteln verfolgt werden. Egal wie lange es dauert: Wir müssen genug Geduld aufbringen und gewalttätige Reaktionen meiden, sei es angesichts von häuslicher Gewalt, Klassenkriegen, Bürgerkriegen oder internationalen Kriegen. Alle Kriege sind ein Versagen des menschlichen Einfallsreichtums, des Verhandlungsgeschicks, der Diplomatie und der Phantasie.

In der modernen Kriegsführung lassen sich zivile Opfer und Kollateralschäden an Schulen, Geschäften, Kranken- und Wohnhäusern nicht vermeiden. Kriege, die Unschuldige zu Flüchtlingen machen und sie zwingen, aus ihren Häusern und von ihrem Land zu fliehen, sind eigentlich illegal. In der rechtsverbindlichen Genfer Konvention heißt es, dass »nicht kämpfende Zivilisten nicht mit Tod und Zerstörung bedroht werden dürfen«.

Martin Luther King Jr. sagte: »›Auge um Auge‹ macht die ganze Welt blind.« Wir können ein Feuer nicht löschen, indem wir es weiter anheizen. Jesus hat es gesagt, Buddha hat es gesagt, Mohammed hat es gesagt. Papst Franziskus sagt es, der Dalai Lama sagt es. Warum missachten politische und militärische Führer immer noch diese praktische Weisheit einer langen Reihe von erleuchteten Menschen? Wir haben das enorme Leid von Zivilisten und Militärs in kleinen und großen Kriegen gesehen. Wir haben Beweise dafür, dass Kriege nicht funktionieren. Man tötet einen Diktator, und ein anderer erscheint und nimmt seinen Platz mit größerer Vehemenz ein. Man tötet einen Terroristen, aber zehn weitere werden radikalisiert. Die Geschichte der Menschheit ist voller gescheiterter Kriege und sinnloser Konflikte. Es ist an der Zeit zu erkennen, dass Kriege barbarisch und unzivilisiert sind. Sie sind kontraproduktiv. Der Sicherheitsrat und die UN-Generalversammlung sollten eine Resolution zur Abschaffung des Krieges verabschieden und einen starken Weltrat von Unterhändlern einrichten, der Konflikte löst, wo und wann immer sie entstehen.

Lasst uns jedem Kind in jedem Haus und jeder Schule beibringen, Liebe und Frieden für alle in ihren Herzen zu kultivieren. Wenn wir die Saat der Gewalt in den Herzen der Menschen nicht nähren, wird sie vertrocknen und absterben. Lasst uns stattdessen die Saat der Liebe, des Friedens und der Gewaltlosigkeit in jedem jungen Menschenherz nähren.

Ich habe die Erfahrung gemacht, dass die einfachen Menschen auf der ganzen Welt freundlich, liebevoll, friedlich und großzügig sind. Mehr als zwei Jahre lang, auf dem Höhepunkt des Kalten Krieges, bin ich für den Frieden zu Fuß um die halbe Welt gelaufen, völlig mittellos und unbewaffnet. Während meiner achttausend Meilen langen Wanderung fand ich keinen Hinweis auf angeborenen Hass in den Herzen der Menschen. Vielmehr war ich überwältigt von der immensen Liebe und Großzügigkeit der sogenannten »Fremden«, denen ich begegnete.

19

Protestieren, schützen und aufbauen

Wir wissen nicht genug, um pessimistisch zu sein.

HAZEL HENDERSON

Millionen von Menschen auf der ganzen Welt engagieren sich für den Wandel. In Ermangelung eines besseren Namens nenne ich diese vielen verschiedenen Aktionen *ganzheitliche Umweltbewegung*; »ganzheitlich«, weil es sich um eine globale Bewegung handelt, die sich gleichzeitig für die Verbesserung und den Schutz der natürlichen, der sozialen und der spirituellen Umwelt einsetzt.

Wenn das Ökosystem nicht gesund ist, gibt es kein gesellschaftliches Wohlergehen, denn auf einem kranken Planeten kann es keine gesunden Menschen geben. Ebenso kann es ohne soziale Gerechtigkeit keine ökologische Gerechtigkeit geben, denn wenn viele Menschen unterdrückt werden und um ihr Überleben kämpfen müssen, haben sie weder die Fähigkeit noch die Energie oder die Möglichkeit, sich um das Wohlergehen des Planeten zu kümmern.

Und ohne spirituelle Werte wie Liebe zu den Menschen und Liebe zu unserem Planeten, die unsere Weltanschauung untermauern und prägen, werden ökologische Nachhaltigkeit und soziale Solidarität immer nur oberflächlich bleiben.

Wer sich für eine ganzheitliche Umweltbewegung einsetzt, muss auf drei Feldern zugleich tätig werden: protestieren, schützen und aufbauen.

Protestieren

Zuerst protestieren wir. Wir erheben uns gegen die ungerechte Ordnung und gegen die Kräfte, die das fragile ökologische Netz und den gesellschaftlichen Zusammenhalt zerstören.

Alle großen Bewegungen in Vergangenheit und Gegenwart sind den Weg des Protests gegangen, um auf die unhaltbare Ausbeutung der Natur und die ungerechte Unterdrückung wehrloser Menschen aufmerksam zu machen. Diese Unterdrückung wird bis heute mit der Rechtfertigung durch Klasse, Kaste, Rasse, Religion, wirtschaftliche Mobilität und so weiter praktiziert. Die Aktionen von Extinction Rebellion und die Schulstreiks von Greta Thunberg und Tausenden anderer junger Menschen auf der ganzen Welt sind zwei aktuelle Beispiele für den Öko-Aktivismus, der den Weg des Protests geht. Auch die von der Black-Lives-Matter-Bewegung organisierten weltweiten Demonstrationen sind ein Beispiel für Protest als sozialen Aktivismus.

Protestbewegungen, die alle Bürgerinnen und Bürger einbeziehen sollen, müssen gewaltfrei und friedlich durchgeführt werden. Die Geschichte zeigt, dass durch gewaltlosen Aktivismus und passiven Widerstand große Veränderungen erreicht werden konnten und können. Die von Mahatma Gandhi angeführten Bewegungen für die Unabhängigkeit Indiens und von Martin Luther King Jr. für die Rassengerechtigkeit in den Vereinigten Staaten sind zwei leuchtende Beispiele für gewaltlosen Widerstand, die die Methode des Protests gegen ungerechte gesellschaftliche Zustände einsetzten.

Schützen

Protest allein reicht nicht aus. Zugleich müssen wir bestehende Kulturen und Systeme schützen, die gut, dezentralisiert, regenerativ und nachhaltig sind, etwa indigene Kulturen, lokale Ökonomien und kleine biologische Bauernhöfe. Wir müssen die Artenvielfalt und die kulturelle Vielfalt schützen. Wir müssen die Schönheit und die Integrität der Natur schützen.

Im Namen des Fortschritts und der Entwicklung werden fortwährend bewährte gesellschaftliche Traditionen und Praktiken zerstört. Einheimische Gemeinschaften werden als rückständig, ja sogar als Wilde behandelt und gezwungen, die Methoden der sogenannten Zivilisation zu übernehmen. Im Zuge der rasanten Verstädterung werden zahlreiche blühende Dörfer und ländliche Gemeinden zerstört. Im Zuge der rasanten Industrialisierung und Mechanisierung werden Kunst, Handwerk und Heimindustrie ausradiert. Sich selbst versorgende Kleinbauern, die immer noch 60 bis 70 Prozent der weltweiten Nahrungsmittel produzieren, werden immer weiter an den Rand gedrängt und in ihrer Existenz bedroht. Im Zuge der rasanten Globalisierung werden die lokalen Volkswirtschaften entmachtet und entmündigt. Natürlich müssen wir gegen diese Trends und gegen energieintensive Produktion, verschwenderischen Konsum und grenzenlose Kohlenstoffemissionen protestieren, die alle für die globale Erwärmung verantwortlich sind. Aber wir tun mehr als nur protestieren: Wir setzen uns dafür ein, dass kohärente Gemeinschaften und alte Kulturen respektiert, geschätzt und geschützt werden.

Aufbauen

Doch auch ein solcher Schutz bestehender, dauerhafter Kulturen reicht nicht aus. Wir müssen dezentralisierte lokale Ökonomien, nachhaltige Kleinbetriebe und regenerative Landwirtschaftsprojekte wie Agrarökologie und Permakultur aufbauen. Wir müssen neue Bildungseinrichtungen und Lernprogramme aufbauen, um

Jung und Alt beizubringen, wie man gut lebt, ohne die Integrität unserer kostbaren Erde zu beschädigen und ohne das Wohlergehen allen Lebens, des menschlichen wie des nicht-menschlichen, zu untergraben. Wir müssen gemeindeeigene Energiesysteme auf der Grundlage von Wind, Wasser und Sonne aufbauen. Auf diese Weise bauen wir neue und widerstandsfähige Gemeinschaften von Menschen auf, die sich einer Lebensweise verschrieben haben, die auf Solidarität, Zusammenarbeit und gegenseitiger Hilfe beruht. Erfolgreiche Beispiele werden die Unentschlossenen inspirieren und überzeugen, sich an konstruktiven Aktivitäten zu beteiligen, wodurch die Bewegung wächst und zu einer noch widerstandsfähigeren und regenerativen Kultur führt.

Wir protestieren, wir schützen und wir bauen auf – alles mit Liebe!

Diese Dreifaltigkeit von Protest, Schutz und Aufbau beschränkt sich nicht nur auf den äußeren Wandel. Um die äußere Transformation zu ergänzen, brauchen wir eine innere Transformation, die das geistige Umfeld nährt. Um erfolgreich gegen Materialismus, Konsumdenken, Macht- und Geldgier anzugehen, müssen wir uns Werte zu eigen machen, die nicht materialistisch sind. Und um den Zusammenhalt der Gemeinschaft und die soziale Harmonie zu stärken, müssen wir Altruismus kultivieren und das egoistische Streben nach Ruhm, Anerkennung, Status und Stellung hinter uns lassen.

Wenn man sich für eine ganzheitliche Umweltbewegung engagiert, in der man protestiert, schützt und aufbaut, kommt man nicht umhin, sich einer gleichzeitigen und ebenso wesentlichen Evolution des Geistes zu widmen. Diese innere Transformation bedeutet eine Veränderung des Herzens und der inneren Einstellung, eine Veränderung der Werte und der Philosophie – eine Veränderung der Weltanschauung und letztlich eine Veränderung des

Bewusstseins. Die äußere Transformation geht Hand in Hand mit der inneren Transformation. Sie sind zwei Seiten ein und derselben Medaille!

Unser Handeln muss in einer tiefen Anerkennung der Einheit und Würde des Lebens und in der tiefen Überzeugung verwurzelt sein, dass alles Leben heilig ist. Indem wir uns ein Gefühl für das Heilige zu eigen machen, kultivieren wir Mitgefühl und Liebe für alles Leben. Wir kultivieren Genügsamkeit, Einfachheit, Mäßigung und Zurückhaltung. Wir werden zur Verkörperung des Wandels und setzen uns gleichzeitig dafür ein, dass sich die äußeren Systeme ändern. Persönlicher Wandel und politischer Wandel werden zu einem sich gegenseitig unterstützenden Prozess wie das Gehen auf zwei Beinen.

Die ganzheitliche Umweltbewegung (HEM – Holistic Environmental Movement) fällt weder dem Kapitalismus noch dem Sozialismus anheim, die beide anthropozentrisch sind, während die HEM biozentrisch ist. Der Kapitalismus stellt das Finanzkapital und den Profit in den Mittelpunkt aller menschlichen Aktivitäten. Im Kapitalismus werden die Menschen zu Instrumenten des Profits, und die Natur wird zu einer Ressource für die Wirtschaft. Der Sozialismus stellt, wie das Wort schon sagt, das soziale Interesse über das Interesse der natürlichen Umwelt. Historisch hat sich herausgestellt, dass Sozialismus einen groß angelegten zentralisierten und industrialisierten Staatskapitalismus bedeutet. Der demokratische Sozialismus ist natürlich besser als der Kapitalismus, aber das Wort *Sozialismus* bleibt anthropozentrisch. Umweltschützer setzen sich für soziale Solidarität und soziale Gerechtigkeit ein, aber sie sind per definitionem nicht auf eine bestimmte politische Philosophie festgelegt. Darüber hinaus gehören soziale Gerechtigkeit und eine Rechtsprechung unter Einbeziehung der Erde untrennbar zusammen.

HEM fördert eine lokale, dezentralisierte, auf den Menschen zugeschnittene, pluralistische und von unten nach oben aufgebaute Wirtschaft und Politik durch partizipative Demokratie.

Umweltschützer stellen die Lebensqualität über die Quantität von Produktion und Verbrauch. Sie konzentrieren sich auf die Steigerung des Wohlbefindens der Menschen und des Planeten und nicht auf das Wirtschaftswachstum. Aus Sicht der Tiefenökologie sollten Wirtschaft und Politik den Interessen von Mutter Erde ebenso dienen wie den Interessen der Menschen. Die Rechte von Mutter Erde sind ebenso grundlegend wie die Menschenrechte. Es gibt keinen Widerspruch zwischen diesen beiden.

Wir werden vielleicht nie den perfekten Zustand natürlicher Harmonie, gesellschaftlichen Zusammenhalts oder persönlicher Entwicklung erreichen, aber wir streben nach einer solchen ausgewogenen Lebensweise. Veränderung ist ein lebenslanger Weg und kein Ziel. Umgestaltung ist ein Prozess und kein Endergebnis. Transformation ist eine fortwährende aktive Entwicklung; sie ist kein statischer Zustand.

20

Aktion

Liebe ist die Art,
wie die Boten des Geheimnisses
uns Dinge vermitteln.
Liebe ist die Mutter.
Wir sind ihre Kinder.
Sie leuchtet in uns,
sichtbar-unsichtbar, wenn wir vertrauen
oder Vertrauen verlieren
oder spüren, wenn sie wieder zu wachsen beginnt.

RUMI

Überall auf der Welt engagieren sich Sozial- und Umweltaktivisten für wichtige Anliegen, kämpfen für Gerechtigkeit und für unseren Planeten. Doch trotz jahrelanger Kampagnen kann man das Gefühl bekommen, dass Regierung und Industrie nicht zuhören: Es passiert ja nichts. Das führt natürlich zu Ängsten, Enttäuschung und sogar zu Verzweiflung. Einmal bekam ich einen Brief von einem guten Freund, einem Künstler und Öko-Aktivisten, der sich dem Kampf gegen die Plastikflut verschrieben hat. Wie so viele seiner Mitstreiter hatte auch er einen solchen Grad an

Frustration, Erschöpfung und Burn-out erreicht, dass ihm alles hoffnungslos erschien. Im Folgenden findet ihr seinen Brief an mich sowie meine Antwort an ihn, die sich an alle richtet, die sich in einem ähnlichen Zustand der Enttäuschung befinden.

Lieber Satish,
ich bin in letzter Zeit sehr verzweifelt, weil die Welt es nicht schafft, die großen Umweltprobleme zu lösen, denen wir uns gegenübersehen. Die Menschen rufen nach Veränderung, aber die politischen Führer sind nur daran interessiert, ihre Macht zu erhalten. Wie Jimi Hendrix so weise sagte: »Wenn die Macht der Liebe die Liebe zur Macht überwindet, wird die Welt Frieden finden.« Dass unsere Welt heutzutage in so großer Gefahr ist, kommt mir wie ein großes Versagen vor, und ich fühle mich schuldig und hilflos.

All die Arbeit, die wir geleistet haben, um das Bewusstsein für Einwegplastik zu schärfen, hat die britische Regierung nur dazu bewogen, eine kleine Steuer auf Neuplastik einzuführen... aber erst ab dem Jahr 2025! Wir erleben gerade einen großen populistisch-nationalistischen Aufschwung, dabei sollten sich die Länder doch zusammentun und nicht bekämpfen. Wie können Gesetze zum Schutz der Umwelt eingeführt und eingehalten werden, wenn ein Land seinen Vorteil gegenüber einem anderen sucht?! An die Stelle von Konkurrenz muss Zusammenarbeit treten.

Selbst die Chinesen, die für sich beanspruchen, die erste ökologische Zivilisation der Welt zu werden, können nicht widerstehen und reagieren auf ihr langsameres Wirtschaftswachstum, indem sie ihre umweltverschmutzenden Fabriken die Produktion hochfahren lassen. Anscheinend ist die Luftqualität in Peking deshalb so schlecht wie noch nie! Unsere Gier wird unser Untergang sein… vielleicht ist es gar nicht so schlimm, wenn die menschliche Spezies durch die Klimazerrüttung außer Gefecht gesetzt wird!

Aber für diejenigen von uns, die Kinder und Enkelkinder haben, ist es eine bittere Pille. Ich habe sogar gehört, dass Menschen ohne Nachwuchs froh sind, dass sie sich nicht fortgepflanzt haben, weil sie eine solche Welt hinterlassen werden. Meine eigenen Kinder sind die erste Generation, die Angst um die Zukunft hat. Wer kann es ihnen verdenken?

Ich weiß, dass Sie eine viel optimistischere Sichtweise haben, und dafür bewundere ich Sie, ebenso wie für Ihren Glauben an die Fähigkeit der Menschheit, sich zu verändern. Im Moment sehe ich nicht, woher diese kommen soll. Die einzige pragmatische Gruppe, die sich wirklich dafür einsetzt, die britische Regierung und die Wirtschaft auf ihrem brutalen Weg zu stoppen, ist Extinction Rebellion. Es ist ein nobler Einsatz, die Freiheit für die Umwelt zu opfern. Wäre ich im Vereinigten Königreich, würde auch ich Straßen blockieren! Man nennt sie die neuen Suffragetten – sie könnten Erfolg haben. Leider glaube ich, dass radikale Maßnahmen nur dann möglich sind, wenn sich eine erste schwere Umweltkatastrophe ereignet. Die Menschen bekommen Angst, am Meer zu leben, denn es ist die Rede von zukünftigen Gefahren durch steigende Meeresspiegel und Stürme.

Bitte schenken Sie mir etwas von Ihrem Optimismus, ich brauche ihn! Mit all meiner Liebe

James

Lieber James,

ich kann Ihre Zweifel, Ihre Mutlosigkeit und Ihre Frustration über den Zustand der Welt und die Hilflosigkeit angesichts der Unfähigkeit und des Unwillens der Regierungen, die ökologischen Probleme unserer Zeit zu lösen, vollkommen nachvollziehen. Das Plastikproblem, über das Sie sich zu Recht Sorgen machen, hat sich über einen langen Zeitraum aufgestaut. Die Umkehrung des Problems wird Zeit brauchen, wenn auch hoffentlich viel weniger Zeit, als es gedauert hat, unseren Planeten zu vergiften. Sie sind zu Recht besorgt. Das Problem der Plastikverschmutzung, der übermäßige Ausstoß von Kohlendioxid in die Atmosphäre und der Rückgang der Artenvielfalt sind dringende Probleme, die zu einer planetarischen Notlage geführt haben.

Wenn wir jedoch mit einer solchen Notlage konfrontiert sind, glaube ich, dass wir mit viel Geduld vorgehen müssen. Wenn zum Beispiel in einem Theater ein Feuer ausbricht, müssen wir es geordnet verlassen, weil sonst eine Massenpanik zu weiteren Opfern führen könnte.

Dennoch müssen wir handeln, und zwar mit Liebe, Hingabe, Engagement und Leidenschaft. Solch edles Handeln hat seinen eigenen Wert, ungeachtet der Ergebnisse. Unser Handeln ist das einzige, worüber wir bestimmen können. Über Ausgang oder Ergebnisse haben wir keine Kontrolle. Die höchste Stufe des Handelns ist jene, die frei von der Bindung an die Ergebnisse ist. Wir tun etwas, weil es sich lohnt, es zu tun. Wir handeln ohne den Wunsch, die Früchte unseres Handelns zu ernten.

Tatsächlich sind die Handlung selbst und die Frucht unserer Handlung nicht zwei getrennte Dinge: Sie sind Teil eines einzigen Vorgangs. Essen und Überwindung des Hungers sind ein Kontinuum; Wasser trinken und Durst stillen sind zwei Aspekte einer einzigen Wirklichkeit. In ähnlicher Weise sind das Handeln zur Wiederherstellung des ökologischen Gleichgewichts und die Suche nach Harmonie zwischen Natur und Mensch ein und dasselbe. Es gibt keine Utopie, in der wir endlich vollkommenen Frieden, völlige Ruhe, ewige Liebe, oder was auch immer das Ideal ist, erreichen können. Daher sind die von uns gewünschte Veränderung und unser Handeln, um diese Veränderung herbeizuführen, untrennbar miteinander verbunden. Unser Handeln ist ein Ausdruck unserer Liebe zur Natur und zueinander. So, wie unsere Liebe bedingungslos und unbegrenzt ist, so sind auch unsere Handlungen bedingungslos und ohne Ende. Was ist die Frucht unserer Liebe? Einfach Liebe. Was ist die Frucht unseres Handelns? Mehr Handeln! Handeln am Anfang, Handeln in der Mitte und Handeln am Ende. Leben heißt handeln. Wir müssen Freude an unserem Handeln haben und darin Erfüllung finden. Keine Enttäuschung und kein Burn-out! Aktivismus ist nicht dazu da, die Welt zu verändern; Aktivismus verändert die Welt.

Mahatma Gandhi sagte: »Sei die Veränderung, die du in der Welt sehen willst.« Unser Handeln ergibt sich aus unserem Sein. Handeln für Frieden, Nachhaltigkeit und Spiritualität ist eine Art des Seins.

Das gleiche gilt für die Ausübung der Künste. Ein Künstler kann die Ergebnisse nicht kontrollieren und möchte sie auch nicht kontrollieren. Erfolg oder Misserfolg liegen nicht in der Hand des Künstlers. Die Ausübung der Kunst ist wie ein Gebet oder eine Meditation. Wahres Gebet bittet nicht um etwas. Es ist einfach ein Darbringen. Kunst und Aktivismus sind in dieser Hinsicht dasselbe. Wir stehen im Dienst der Erde und der Menschheit. Wir dienen bis zu unserem letzten Atemzug. Unser Aktivismus oder unsere Kunst ist von tiefer Liebe für Menschheit und Erde inspiriert. Aus dieser Sicht und aus dieser Perspektive werden Kunst, Aktivismus und Liebe zu einer tagtäglichen Lebensweise. Wir handeln aus Liebe, nicht aus dem Wunsch, erfolgreich zu sein. Erfolg ist ein Geschenk des Universums. Wenn er sich einstellt, freuen wir uns, aber wenn nicht, sehnen wir uns nicht danach, wir suchen ihn nicht. Wir danken dem Universum, dass es uns als Werkzeug für das Dienen und den Aktivismus erwählt hat. Aus dieser Demut und völligen inneren Freiheit handeln wir. Wenn wir Sklaven unseres Wunsches nach Erfolg sind, sind wir nicht frei. Unsere vollständige und ungeteilte Aufmerksamkeit sollte auf unserem Handeln liegen. Nur dann lassen wir uns von unserem Wunsch nach Ergebnissen nicht ablenken.

Aktivismus ist ein Weg und kein Ziel. Durch unsere edlen Handlungen werden wir, die Aktivisten, verändert. Ob sich jemand anderes ändert oder nicht, wir selbst werden verändert. Das ist an sich schon von großem Wert. Lassen Sie uns also von der Mutlosigkeit zur Freude übergehen!

Selbst Jesus Christus und Buddha konnten kein Reich der Liebe und des Mitgefühls auf der Erde errichten. Würden Sie das als Versagen betrachten? Nein! Ihr Leben und ihre Lehren haben bleibenden Wert. Ihre Taten sind Leuchttürme der Hoffnung und

Inspiration für Millionen von Menschen auf der ganzen Welt. Lasst uns wie kleine Buddhas sein und selbstlos, mit Liebe und Mitgefühl handeln.

Mit all meiner Liebe

Satish

TEIL DREI

Radikale Liebe für uns selbst und andere

Ein Wort befreit uns von all der Last
und dem Schmerz des Lebens.
Dieses Wort heißt Liebe.

SOPHOKLES

21

Ein Manifest der Liebe

Mein Reichtum ist so grenzenlos wie das Meer,
meine Liebe ist so tief. Je mehr ich dir gebe,
desto mehr habe ich, denn beide sind ohne Ende.

WILLIAM SHAKESPEARE

Unsere Revolution ist eine Revolution der Liebe. Liebe ist logisch und magisch zugleich. Die Erde ist eine Verkörperung der Liebe. Die Erde ist unsere Lehrerin, und wir lernen die Kunst der Liebe von ihr. Die Erde liebt uns vollkommen, und im Gegenzug müssen wir lernen, die Erde mehr zu lieben.

Wir sagen »*Nein*« zu Maßnahmen und Praktiken, die der Erde schaden und die globale Erwärmung, das Abschmelzen des arktischen Eises und den Anstieg des Meeresspiegels verursachen. Wir boykottieren die Unternehmen und Produkte, die unserem Planeten schaden. Wir gehen für die Erde ins Gefängnis, und wir werden es friedlich und fröhlich tun. Wir haben überhaupt keine Angst.

Wir sagen »*Ja*« zu einem einfachen und nachhaltigen Leben. Wir sagen »Ja« zum Pflanzen von Billionen von Bäumen und »Ja« zur regenerativen Landwirtschaft. Wir essen gesunde, lokale, biologische und nährstoffreiche Lebensmittel. Wir unterstützen Kleinbauern und Erzeuger auf der ganzen Welt. Wir leben als Kunsthandwerker und Künstler. Wir unterstützen Kunsthandwerker in aller Welt. Wir widerstehen dem Bösen, um es aufzulösen, und wir unterstützen das Gute, damit es gedeiht.

Wir dürfen nicht zulassen, dass Verzweiflung unseren Optimismus schmälert. Aktivisten müssen Optimisten sein. Pessimismus kann zu Journalismus führen, aber niemals zu Aktivismus. Mit anhaltender Hoffnung und lebenslangem Engagement machen wir uns auf den Weg der Veränderung. Ja, Aktivismus ist ein Weg und nicht das Ziel; er ist ein langfristiger Prozess und kein Kurzzeitprojekt. Wir machen einander Mut: »Engagiere dich für die Erde und lebe als Künstler und Aktivist.« Wir sitzen alle im selben Boot. Wir haben keine Feinde. Die Wirtschaft der Verschwendung und Verschmutzung, des Abbaus und der Ausbeutung, der Gier und des Egoismus muss durch die Beteiligung aller beendet werden. Politiker und Dichter, Industrielle und Künstler, Schöpfer und Konsumenten, wir alle müssen uns die Hände reichen und zusammenstehen, um die Gefahren der Verschmutzung zu überwinden und die Klimakatastrophe abzuwenden.

Wenn wir handeln, um eine äußere Transformation herbeizuführen, handeln wir zugleich für eine innere Transformation. Wenn unser Geist durch Gier, Angst und Verlangen verschmutzt ist, dann gebären wir Unzufriedenheit, Konsumdenken und Materialismus, die zur Verschmutzung der Erde und von uns selbst führen. Die äußere Landschaft und die innere Landschaft sind zwei Seiten der einen Wirklichkeit. Die Natur da draußen ist nicht von unserer inneren Natur zu trennen.

Die alte Erzählung von Spaltung und Trennung muss der neuen Erzählung von Einheit und Verbundenheit zwischen dem Inneren und dem Äußeren sowie zwischen Natur und Menschen weichen. Meditation und Aktion, Intuition und Vernunft, Geist und Materie, Schweigen und Reden, Innen und Außen, Links und Rechts ergänzen sich. Die Kultivierung von Mitgefühl im Inneren und die

Bewahrung im Äußeren sind der Weg, um in das neue ganzheitliche Paradigma zu finden.

Wir heilen die Wunden, die durch die alte Erzählung von Trennung und Dualismus verursacht wurden, das Vorurteil von »wir« und »sie«, die Spaltungen in Klasse, Kaste, Rasse, Religion, Identität und Nationalität. Wir wenden den Balsam der bedingungslosen und unbegrenzten Liebe an, um die Konflikte zwischen den Menschen und zwischen den Menschen und dem Planeten zu heilen.

Wir überwinden Trennungen und feiern die Vielfalt, verwirklichen die Einheit des Lebens. Wir erinnern uns, dass Einheit nicht Gleichförmigkeit bedeutet. Einheit manifestiert sich in biologischer Vielfalt, kultureller Vielfalt, Vielfalt der Wahrheiten, Vielfalt der Gedanken und Meinungen. Die Evolution begünstigt die Vielfalt. Seit dem Urknall hat die Evolution über Milliarden von Jahren unaufhörlich daran gearbeitet, allgegenwärtige Vielfalt zu schaffen. Wir schätzen die Vielfalt der Sprachen, Religionen und Identitäten und sind uns gleichzeitig in der Verpflichtung einig, unserem kostbaren Planeten, seinen Menschen, Tieren, Wäldern und Gewässern keinen Schaden zuzufügen.

Wir setzen uns für die Menschenrechte ein, aber auch für die Rechte der Natur, für die Rechte aller Lebewesen. Die Erde ist kein totes Gestein, sie ist Gaia, ein lebendiger Organismus. Wie William Blake sagte: »Die Natur ist die Phantasie selbst.« Und mit den Worten Shakespeares gibt es »Zungen in den Bäumen« – ja, Bäume sprechen, und wir hören zu. Shakespeare bemerkte weiter »Bücher in fließenden Bächen… Predigten in Steinen« – ja, wir lernen, die Bücher der Flüsse und der Steine zu lesen. Wir müssen nicht in Tempel oder Kirchen gehen, wenn wir das nicht wollen; wir können die Lehren des Friedens, der Duldsamkeit und der Widerstandsfähigkeit in der natürlichen Welt vernehmen, wenn wir nur zuhören.

Wir messen den Wert der Natur nicht an ihrem Nutzen für den Menschen, sondern wir erkennen den Eigenwert der Natur und der ganzen Erde an. Die Natur ist nicht bloß eine Ressource für die Wirtschaft, sie ist der Quell des Lebens selbst. Wir leben in Harmonie mit der Natur, mit der Erde und mit allen Lebewesen, mit der menschlichen und mit der nicht-menschlichen Welt. Auch wenn wir die absolute Harmonie nie erreichen, halten wir sie für ein erstrebenswertes Ideal.

Man mag uns »Idealisten« nennen, aber was haben die Realisten aus der Welt gemacht? Die Klimakrise ist nicht das Werk von Idealisten. Es sind die Handlungsweisen der Realisten, die die Klimazerrüttung, das Verschwinden der Artenvielfalt und die Verschmutzung von Luft, Wasser und Boden verursachen. In der Ägide der sogenannten Realisten haben der ständige Hunger nach mehr, Kriege und andere menschliche Tragödien im globalen Maßstab exponentiell zugenommen. Die Realisten haben die Welt schon viel zu lange regiert, und sie haben sie in den Ruin getrieben. Es ist höchste Zeit, den Idealisten eine Chance zu geben. Wir sind die sanften Helden unserer Zeit. Unser Handeln für den Planeten und seine Bewohner ist ein Akt der Liebe.

22

Vier Hindernisse für die Liebe

Die Liebe ist eine tiefere
Erfahrung als die Vernunft.

E. E. CUMMINGS

Liebe ist die Überwindung von Zweifeln. Um zu lieben, muss ich an mich selbst und von ganzem Herzen an die Menschen glauben, die ich liebe. Wie Tolstoi sagte: »Wenn du jemanden liebst, liebst du ihn so, wie er ist, und nicht so, wie du ihn gerne hättest.« Eben weil wir wollen, dass die Menschen denken, sprechen und handeln, wie wir es erwarten, gibt es vier Hindernisse für die Liebe: Wir verfallen in die alten Gewohnheiten des Kritisierens, Sich-Beschwerens, Kontrollierens und Vergleichens (im Original die 4 Cs: Criticizing, Complaining, Controlling und Comparing).

Diese vier sind tückische Hindernisse für die Liebe.

Kritisieren

Wenn wir andere kritisieren, halten wir Gericht. Wir sagen damit: Ich habe Recht und du hast Unrecht. Wir sagen, dass es nur einen richtigen Weg gibt, und das ist der meine: Ich möchte, dass du die Dinge auf meine Weise tust. Das ist Überheblichkeit. Liebe und Überheblichkeit sind wie Feuer und Wasser; sie passen nicht zusammen. Liebe ist eine Frucht der Demut.

Liebe ist nicht Unterwürfigkeit. Liebe ist Bindung und Zugehörigkeit. Liebe ist nicht die Verschmelzung zweier Seelen. Die Mathematik der Liebe besagt, dass eins plus eins gleich elf ist, nicht zwei! Auf der beschwerlichen, unvorhersehbaren und wunderbaren Reise des Lebens ist die Liebe ein Versprechen von Gemeinsamkeit. Kritik ist die Folge von Zweifel; des Zweifels an der Fähigkeit des anderen, das Richtige zu tun. Lasst das Licht der Liebe in unsere Seelen dringen und die Dunkelheit des Zweifels vertreiben. Der Gott der Liebe wohnt im Tempel des Vertrauens.

Wir sind dazu erzogen worden, unter allen Umständen kritisches Denken zu kultivieren. Wir sind darauf konditioniert zu denken, der Zweifel sei immer eine gute Sache. Die Methodik des kartesischen Zweifels wurde auf ein hohes Podest gestellt und zur Grundlage der meisten Bildungssysteme.

Kritisches Denken und die Methodik des Zweifelns sind im Bereich der Philosophie und anderer intellektueller Tätigkeiten nützlich. Aber wenn es um Liebe, Freundschaft und Beziehungen geht, dann muss Wertschätzung an die Stelle von Kritik treten. Anstelle von Zweifel muss Vertrauen in unseren Herzen verankert werden. Beziehungen und Liebe wachsen auf dem Boden des Herzens, und das Herz wird durch den Nektar des Vertrauens genährt.

Zweifel berauben uns tiefer und dauerhafter Beziehungen. Zweifel halten uns davon ab, langfristige Festlegungen einzugehen. Nicht nur in Liebesbeziehungen müssen wir den Zweifel loslassen. Auch im Berufsleben müssen wir uns für etwas einsetzen, das wir lieben, und unseren Weg trotz aller Höhen und Tiefen, Schwierigkeiten und Hindernisse, Risiken und Ungewissheiten gehen. Wir dürfen unsere eigenen Hoffnungen und Träume nicht in Zweifel ziehen.

Ob wir nun gerne gärtnern oder kochen, tanzen oder singen, Landwirtschaft betreiben oder etwas herstellen, wir müssen die Angst vor dem Scheitern und das Schielen auf den Erfolg ausblenden. Wir müssen einfach auf uns selbst vertrauen und unserem Herzen folgen. Das ist der Weg der Liebe.

Sich beschweren

Wenn wir uns beschweren, halten wir ebenfalls Gericht. Wir sagen damit zum anderen: Du warst unaufmerksam; es gibt ein bestimmtes Verhalten, und deine Handlungen entsprechen ihm nicht. Wir halten das Verhalten des anderen für unverantwortlich oder verwerflich. Sich zu beschweren, ist übergriffig, und übergriffig zu sein, ist wie eine Schere, die das Herz in viele Stücke schneidet.

Bei der Liebe geht es nicht um Erwartungen. In der Liebe geht es um die bedingungslose Akzeptanz des anderen, so wie er ist. Wir sind alle verschieden und einzigartig. Das ist so schön. Die Sonne der Liebe geht in der Morgendämmerung der Vielfalt auf und bringt die tausend Blumen zum Blühen. Die Liebe verkündet: *Vive la différence!*

Sich zu beschweren, ist die Folge mangelnder Akzeptanz und fehlenden Vertrauens. Beschwerden und Zweifel sind also eng verwandt. Es gibt durchaus Grund für Beschwerden gegen soziale Ungerechtigkeit, Umweltzerstörung, Rassendiskriminierung, das Wettrüsten und derartige Systeme der Verschwendung, Verschmutzung und Gewalt. In diesen Situationen haben wir das Recht, uns zu beschweren, uns zu widersetzen und zu protestieren. Aber das muss ohne Hass geschehen und ohne die Vertreter der ungerechten Ordnung zu beschimpfen. Wir können und müssen für Wahrheit, Integrität und Schönheit eintreten. Aber wir müssen dies mit Liebe und Mitgefühl in unseren Herzen für diejenigen tun, die in ihrer Unwissenheit ungerechte soziale Systeme aufrechterhalten.

Mahatma Gandhi setzte sich gegen Kolonialismus und Imperialismus ein, aber er tat dies mit viel Liebe auch für jene Menschen, die für die Kolonialisierung verantwortlich waren. In ähnlicher Weise verkörperte Martin Luther King Jr. die Liebe zu denen, die den schwarzen Amerikanern die Wunden des Rassismus zufügten. Er nutzte die Kraft der Liebe, um energisch gegen Rassismus und weiße Vorherrschaft in den Vereinigten Staaten anzukämpfen. Sich im Geist der Freundlichkeit zu beschweren, ist nicht leicht, aber es ist durchaus möglich.

Was in einem gesellschaftlichen und politischen Zusammenhang angemessen ist, kann in engen persönlichen Beziehungen jedoch unpassend sein. In unserem Umgang mit Freunden und Familie, mit Kollegen und Weggefährten müssen wir den Weg der Fürsorge gehen und nicht den Weg des Sich-Beschwerens. Wir alle machen immer wieder Fehler. Das ist völlig normal und natürlich. Der einzige Weg zu wachsen besteht darin, aus unseren Fehlern zu lernen. Und das Lernen hört nie auf.

Im Licht der Liebe wechseln wir schnell vom Beanstanden zum Mitgefühl.

Kontrolle

Der Wunsch, andere zu kontrollieren, steht im Widerspruch zur Liebe. Indem ich andere zu kontrollieren versuche, versetze ich mich in eine überlegene Position, in eine Position des Egos. Das Ego ist ein Feind der Liebe. Um in der Liebe zu sein, müssen wir vom Ego zum Öko übergehen. Wie wir gesehen haben, kommt *eco* aus dem Griechischen und bedeutet das Haus und seine Familienmitglieder. Wenn ich wirklich in der Liebe bin, bin ich entspannt und gelassen. Ich bin mir meines größeren Selbst bewusst. Ich bin zu Hause.

In einem liebevollen Zuhause gibt es echte Gegenseitigkeit und Reziprozität. Niemand ist mehr oder weniger wert. Jeder kümmert sich um den anderen. In einem Heim erleben wir Mutterliebe, Vaterliebe, Bruderliebe, Schwesterliebe, romantische Liebe, erotische Liebe, kulinarische Liebe; es gibt die Liebe der Fürsorge und des Teilens. Das ideale Zuhause ist eine kontrollfreie Zone!

Liebe ist nicht besitzergreifend. Liebe ist befreiend. Wenn wir lieben, nehmen wir am Leben teil, anstatt das Leben anderer Menschen bestimmen zu wollen.

Der Wunsch, andere zu kontrollieren, heißt, ihrer Fähigkeit zur Selbstverwaltung und Selbstorganisation zu misstrauen. Der Drang, andere zu kontrollieren, bedeutet die Tatsache zu leugnen, dass jeder Mensch mit seiner eigenen Integrität und Phantasie begabt ist.

Das einzige, wo Kontrolle konstruktiv ist und einen Nutzen hat, ist die Kontrolle des Selbst. Wir können unsere Wut, unsere Gier und unser Ego kontrollieren. Eine solche Selbstbeherrschung kann uns von Konflikten, Konfrontationen und Kriegen befreien. Wenn wir von der Kontrolle zur Versöhnung gelangen, können wir mit anderen in einem Gemeinschaftsgefühl leben. Wir können im Garten der Großzügigkeit wachsen. Wir können ein tiefes Gefühl von Dankbarkeit und Gnade erfahren. Wir können im Meer der Liebe schwimmen.

Vergleichen

Wenn wir einen Menschen mit einem anderen vergleichen, errichten wir ein Gefängnis des Zwiespalts. Dann sind wir in der Vorstellung von Gut und Schlecht, von Richtig und Falsch gefangen. Der Sufi-Dichter Rumi mahnt: »Es gibt ein Feld jenseits von richtig und falsch. Lasst uns dort zusammenkommen.« Es ist das Feld der Freundschaft und der bedingungslosen Liebe, wo wir die Tyrannei des Vergleichens überwinden und auf den Flügeln der Weisheit dahinsegeln. Alles hat seinen Platz, und alles ist gut an seinem Platz.

Ein Baum unterscheidet nicht zwischen einem Heiligen und einem Sünder. Er bietet seinen kühlen Schatten und seine duftenden Früchte allen dar, wer auch immer sie sind – arm oder reich, weise oder dumm, Mensch oder Tier, Vogel oder Wespe. Ein Baum liebt alle und vergleicht niemanden. Lasst uns vom Baum lernen, wie man liebt.

Jeder einzelne Mensch ist einzigartig, ein besonderes Geschenk des Universums. Wenn wir in der Liebe sind, schätzen wir die innere Qualität unserer Lieben und freuen uns an ihr, ohne sie mit anderen zu vergleichen. Jedes einzelne Lebewesen verdient es, in seinen Bedingtheiten geschätzt und gewürdigt zu werden.

Wir müssen gedanklich unterscheiden zwischen dem Wunsch, einen Liebhaber zu *haben*, und dem Wunsch, ein Liebhaber *zu sein*. Wenn wir einen Geliebten haben wollen, vergleichen wir wahrscheinlich einen Menschen mit einem anderen. Wenn wir aber ein Liebender sein wollen, werden wir das Vergleichen sein lassen. Pragmatiker vergleichen und stellen gegenüber. Liebende akzeptieren und freuen sich. Jeder Kuss ist in sich selbst einzigartig ekstatisch. Keine zwei Küsse lassen sich vergleichen!

Meditation über die vier Hindernisse für die Liebe

Möge ich es unterlassen, zu kritisieren, mich zu beschweren, zu kontrollieren und zu vergleichen.
Möge ich stattdessen Mitgefühl, Zuspruch, Versöhnung und Austausch üben.
Möge ich ferner Höflichkeit und Fürsorge kultivieren.
Möge ich lernen, andere wertzuschätzen und zu würdigen und für all die Geschenke des Lebens zu danken, die ich jeden Tag empfange!

23

Gehen

Gehe, als küsstest du mit deinen Füßen die Erde.

THICH NHAT HANH

Gehen ist sowohl eine Metapher als auch ein Tun. Wenn wir »einen Weg beschreiten«, verbinden wir das Bild mit der Wirklichkeit; wir übersetzen Prinzipien in tätiges Handeln.

Es gibt eine innewohnende Verbindung zwischen diesem Denken und der Schule der peripatetischen Philosophen*. Es war Nietzsche, der sagte: »Traue keiner Philosophie, die nicht im Gehen erprobt worden ist.« Fromme Menschen bauten ihre Klöster rund um einen Klosterhof, und auch Kirchen und Kathedralen

* Die Peripatetische Philosophie wurde von Aristoteles gegründet. Der Name bedeutet wörtlich »umhergehen« und bezieht sich auf Aristoteles' Gewohnheit, während des Unterrichts spazieren zu gehen. Die Schule betonte Erfahrung, Beobachtung und Analyse der Natur. Sie umfasste Ethik, Metaphysik, Logik, Naturphilosophie und Politik. Aristoteles' Werke hatten großen Einfluss auf Philosophie, Wissenschaft und Bildung. (Anm. d. Ü.)

haben ihren umgebenden heiligen Raum, in dem man spazieren gehen kann, wenn man über die Geheimnisse des Glaubens und die Metaphysik der Existenz meditiert. Pilger begeben sich zu Fuß auf heilige Reisen, um Gott näherzukommen. Sie wandern zu den heiligen Gipfeln des Himalayas, zu den Zusammenflüssen heiliger Flüsse oder zu mit Propheten, Dichtern und Mystikern verbundenen Orten. Der Akt des Gehens selbst ist für Pilger ebenso bedeutsam wie die Tatsache, dass sie irgendwo ankommen. Wandern ist eine spirituelle Handlung, die der Selbstreinigung, Selbstveränderung und Selbstverwirklichung dient.

Aktivisten gehen in Protestmärschen gegen Verschmutzung, Ausbeutung und Ungerechtigkeit an. Mahatma Gandhis Salzmarsch zum Meer und Martin Luther Kings Marsch auf Washington waren Akte des politischen Widerstands und des spirituellen Erwachens. Millionen von Menschen haben sich auf den Weg gemacht, um Kolonialismus, Rassismus, Sexismus und Militarismus ein Ende zu setzen. Um ihre Solidarität mit den Armen und Unterdrückten zu bekunden, sind Kulturschaffende jeden Alters, aller Nationalitäten und politischen Überzeugungen auf die Straße gegangen, um ihre Unterstützung für Nachhaltigkeit, Spiritualität, Gerechtigkeit, Frieden, Freiheit, Menschenrechte und die Rechte des Planeten zu bekunden.

Mein Lehrer und Mentor Vinoba Bhave ist hunderttausend Meilen durch ganz Indien gelaufen. Fünfzehn Jahre lang überredete er reiche Grundbesitzer, ihren Besitz im Namen der Liebe und der Gerechtigkeit mit den landlosen Arbeitern zu teilen. Es war ein Wunder, dass es ihm gelang, die Herzen dieser Landbesitzer zu öffnen und vier Millionen Hektar Land als Geschenk zu erhalten, die er dann unter Besitzlosen und Benachteiligten verteilte. Es war sein Weg, der die Wohlhabenden so inspirierte und beeindruckte, dass sie sich von einem Teil ihres Landes trennten. Er sei gegangen, sagt er, weil »die Liebe ihn bewegte«.

Meine Mutter war auch eine große Wanderin. Sie hatte einen kleinen Bauernhof, etwa eine Stunde Fußweg von unserem Haus in Rajasthan entfernt. Unsere Familie war mit einem Pferd und einem Kamel gesegnet, aber Mutter ritt nie auf den Tieren. Zum Hof ging sie immer zu Fuß. Unsere religiöse Tradition, der Jainismus,* verlangte von uns, Tiere zu respektieren und ihnen keine unangemessenen Leiden oder Unbill zuzufügen. Wenn jemand meiner Mutter vorschlug, auf einem Pferd zu reiten, lächelte sie und antwortete einfach: »Wie würde es dir gefallen, wenn das Pferd dich reiten wollte?«

Ich ging oft mit meiner Mutter zum Bauernhof oder Besorgungen erledigen. Unterwegs erzählte sie Geschichten und sang Lieder. Sie zeigte auf die Wunder der Natur, die die meisten Menschen für selbstverständlich hielten. Wandern war für meine Mutter ein Quell der Freude und ein Akt der Liebe.

Und so ist es auch bei mir. Mit neun Jahren wurde ich Jain-Mönch. Ich bin neun Jahre lang barfuß gelaufen und habe in der Zeit nie ein Auto, einen Zug, ein Flugzeug oder ein Boot benutzt – nicht einmal ein Fahrrad. Meine Füße wurden breit und fest. Ich lief auf Sand und Kieseln, in Hitze und Kälte, ohne Socken, Sandalen oder Schuhe. Und doch hatte ich in mir das Gefühl, auf Rosenblättern zu gehen. Mein Guru sagte zu mir: »Übe dich in Dankbarkeit gegenüber der Erde, die dich auf ihrem Rücken trägt und es dir möglich macht zu gehen.« Das war seine Art, mir eine Lektion in Erdspiritualität zu erteilen. »Die Menschen pflügen die Erde, sie treten sie mit Füßen, graben Löcher in ihren Körper, und doch die Erde vergibt. Sie ist so großzügig, dass sie, wenn du einen Samen pflanzt, tausend Früchte zurückgibt. Meditiere also über die bedingungslose Liebe der Erde und praktiziere die gleiche Art von Mitgefühl, Großzügigkeit und Vergebung in deinem Leben.«

Mit 18 verließ ich den Orden der Jain, verlor aber nie meine Liebe zum Wandern. 1962 begab ich mich zusammen mit meinem Freund

* Der Jainismus ist eine indische Religion, die Gewaltlosigkeit, Wahrheit und spirituelle Befreiung betont. Anhänger streben nach Karma-Befreiung für Moksha. Ethik und Rituale sind zentral, mit Fokus auf allen Lebensformen. Hat tiefen kulturellen Einfluss in Indien. (Anm. d. Ü.)

E. P. Menon auf eine Pilgerreise für den Frieden, die mich von Neu-Delhi nach Moskau, Paris, London und Washington, D.C. führte. Wir sind achttausend Meilen gelaufen, ohne einen Penny in der Tasche. Ob wir der Welt nun mehr Frieden bringen konnten oder nicht, ich habe auf jeden Fall durch das Gehen Frieden in mir gefunden. Ich habe gelernt, mir selbst zu vertrauen, Fremden zu vertrauen und der Welt zu vertrauen. Ich habe Selbstvertrauen und Widerstandsfähigkeit gewonnen. Ich verlor meine Ängste vor dem Unbekannten, Ungeplanten und Ungewissen. Ich lernte, Berge, Wälder und Wüsten gleichermaßen zu lieben. Ich begegnete Wind und Regen, Schnee und Sonnenschein mit Gleichmut. Sowohl Feindseligkeit als auch Gastfreundschaft begegnete ich mit Humor und Akzeptanz. Ich lernte, nichts zu erwarten und alles anzunehmen, wie es kommt. Wenn es keine Erwartungen gibt, gibt es auch keine Enttäuschungen. Das Wandern wurde für mich zu einem Weg der Selbstverwirklichung. Heute ist das Gehen mehr als nur eine Möglichkeit, sich von einem Ort zum anderen zu bewegen: Es ist eine Lebensweise und ein Weg zu Gesundheit, Harmonie und Glück.

Mit 50 unternahm ich eine zweite Pilgerreise, diesmal um die Britischen Inseln. Von Devon nach Somerset, dann nach Dorset und weiter über den Pilgerweg nach Canterbury. Ich wanderte von Dorf zu Dorf und von Stadt zu Stadt und tauchte in die Schönheit der britischen Landschaft ein. Ganz oben an der Nordostküste kam ich zur heiligen Insel Lindisfarne, wo die alten keltischen Heiligen beim Waten im Meer über die Natur meditierten.

Ich wanderte durch Schottland und erreichte Iona, einen der friedlichsten Orte, an denen ich je gewesen bin, dann die Westküste entlang, hinunter nach Wales und zurück durch das West Country und über Exmoor schließlich nach Hause nach Hartland. Es war eine heilige Reise über vier Monate und zweitausend Meilen, auf der ich unglaubliche Gastfreundschaft von Menschen unterschiedlichster Herkunft erfahren habe. Wieder einmal war ich ohne Geld unterwegs und erlebte viele Wunder, die sich aus der schieren Großzügigkeit und Güte gewöhnlicher Männer und

Frauen ergaben, denen ich auf meiner Reise zum ersten und einzigen Mal begegnete.

Ich bin jetzt in den Achtzigern und verdanke es dem Gehen, dass es mir nicht an Energie, Enthusiasmus oder Leidenschaft mangelt. Mein Immunsystem ist robust. Ich habe noch nie Antibiotika genommen und war nur einmal wegen eines Knochenbruchs im Krankenhaus.

Die Leute fragen mich nach dem Geheimnis meiner guten Gesundheit. Meine Antwort ist schlicht und einfach: Ich liebe das Gehen. Es ist gut für meinen Körper, gut für meinen Geist und gut für meine Seele. Ich gehe jeden Tag etwa eine Stunde spazieren, und wenn das nicht möglich ist, mache ich nach dem Essen einen Spaziergang. Gehen ist verdauungsfördernd, erfrischend und beruhigend. Meine Hochachtung für das Gehen lässt sich nicht in Worten ausdrücken. Ich bewege mich lieber und bin im Fluss, anstatt unbewegt zu verharren.

Ich denke oft an die Worte von John Muir: »Bei jedem Gang in der Natur bekommt man weit mehr, als man erwartet.« Wenn wir wandern, kultivieren wir ein tiefes Verständnis für die natürliche Welt. Wir verlieben uns in die Natur, und so können wir sie zutiefst erleben, und dies wiederum veranlasst uns, uns intensiv für sie einzusetzen. Wir feiern sie, und wir tun etwas, um sie zu schützen. So lernen wir Tiefenökologie. Ich gehe auf der Erde, und ich gehe für die Erde.

Die Gehmeditation ist eine großartige spirituelle Praxis. Und für diejenigen unter uns, die ihren Fußabdruck auf unserem Planeten verringern wollen, ist Gehen der einfachste und leichteste Weg, unseren Eintrag in die Atmosphäre zu verringern. Gehen wir also zu Fuß ins Büro, zum Einkaufen, zur Schule und in die Kirche. Wenn jemand behauptet, er habe keine Zeit, zu Fuß zu gehen, möchte ich ihn daran erinnern, dass es keinen Mangel an Zeit gibt. Wenn wir die Zeit in Stunden, Tagen, Wochen und Monaten messen, ist das nur der Bequemlichkeit halber. In Wirklichkeit ist Zeit endlos.

24

Nahrung und Garten

Das Leben beginnt an dem Tag,
an dem man einen Garten anlegt.

CHINESISCHES SPRICHWORT

Meine Mutter hatte ein zwei Hektar großes Gelände, das sie ihren »Garten der Liebe« nannte. Sie baute Melonen, Hirse, Mungbohnen und Sesam an, außerdem verschiedene Gemüse. Wie bereits erwähnt, nahm sie mich mit auf das Feld, wo ich ihr beim Säen, Gießen und Ernten half.

Sie war auch eine sehr gute Köchin. »Essen ist auch Medizin, nicht nur Nahrungsquelle«, sagte meine Mutter immer. Sie ermunterte mich, ihr zu helfen, wenn sie Chapatis, ungesäuerte Fladenbrote, oder Dhal und Gemüse mit Ingwer, Kurkuma, Koriander, Kreuzkümmel und Kardamom zubereitete. Seitdem habe ich Freude an der Gartenarbeit und am Kochen. Als ich in Nordindien in einem Gandhi-Ashram in Bodh Gaya lebte, lautete unser Motto: »Alle, die essen, müssen sich am Anbau von Lebensmitteln beteiligen, und alle, die Lebensmittel anbauen, müssen genug zu essen haben.« Das gandhianische Prinzip für Lebensmittel lautet, dass die Entfernung zwischen dem Boden, auf dem sie angebaut werden, und den Mündern, die sie ernähren, so kurz wie möglich sein sollte. Wenn die Lebensmittel aus dem eigenen Garten oder vom örtlichen Bauernmarkt kommen, dann sind sie frisch. Wenn Lebensmittel über weite Strecken transportiert und in Plastik verpackt werden, sind sie unter Umständen nicht so frisch, wie sie sein sollten. Kurz gesagt, wir müssen global denken, aber lokal essen.

1982 gründete ich die Kleine Schule in Hartland, England. Gleich am ersten Tag, als Kinder, Eltern und Lehrer zusammenkamen, fragte ich, wie sich unsere Schule von anderen Schulen unterscheiden würde. Die Antwort war, dass Kinder und Lehrer in unserer Schule jeden Tag selbst ihr Mittagessen zubereiten, das Tischgebet sprechen und gemeinsam ein gutes Essen zu sich nehmen würden. Die Begründung dafür ist einfach: Bei schlechter Ernährung kann man keine gute Bildung vermitteln. Es hat keinen Sinn, etwas über Darwin und Shakespeare, Wissenschaft und Geschichte zu lernen, wenn wir nicht einmal wissen, wie wir uns ernähren sollen. Zu lernen, etwas anzubauen, zu kochen und es dann gemeinsam zu essen, ist also genauso wichtig für die Bildung, wie lesen und schreiben zu lernen.

Viele Schulen lassen sich das Essen von Großlieferanten über weite Strecken bringen. Das Essen ist oft geschmacklos. Ein erheblicher Teil wird verschwendet, weil es den Kindern nicht schmeckt, und dann gehen sie los und kaufen Junkfood voller Zucker und Salz. Das ist zwar vielleicht schmackhafter, aber überhaupt nicht nährend. Im Gegenteil, es ist ziemlich schädlich für unsere Kinder und führt zu Fettleibigkeit, Lern- und Gedächtnisproblemen und sogar zu Depressionen. Junge Menschen verlassen die Universitäten mit einem BA-, MA- oder Doktortitel, aber viele von ihnen wissen nicht, wie man eine richtige Mahlzeit zubereitet. Schulen verfügen über Schwimmbäder, Sporthallen und naturwissenschaftliche Labors, aber nur sehr wenige haben Gärten und Küchen, in denen Lehrer und Schüler gemeinsam ihr eigenes Essen anbauen und zubereiten können. Meiner Meinung nach sollten alle Schulen Gärten und Küchen haben. Warum schenken wir der Ernährung so wenig Aufmerksamkeit, obwohl sie eine Grundbedingung für ein gutes Leben ist?

1991 gründete ich das Schumacher College für Erwachsenenbildung, und auch dort wandte ich dieselben Prinzipien an. Alle Studenten und Teilnehmer werden eingeladen und ermutigt, im Garten und in der Küche zu arbeiten. Wenn die Schüler sich dafür entscheiden, verpassen sie keinen Unterricht, denn Gartenarbeit und Kochen *sind* der Unterricht.

Der Garten am Schumacher College ist wahrhaftig ein Garten der Liebe, was vor allem durch einen Kurs zelebriert wird, den ich sehr inspirierend finde. Das »Growers Program«, bei dem die Studenten sechs Monate lang intensiv gärtnern, wurde entwickelt, um junge Menschen in der Kunst der regenerativen Landwirtschaft und des Gärtnerns auszubilden und ihnen zu zeigen, dass es viele absolut praktikable und produktive Möglichkeiten gibt, Lebensmittel nachhaltig, sinnvoll und mit Liebe anzubauen. Dabei produzieren sie auch gesundes Essen für das College. Wir haben ausgerechnet, dass die Hochschulküche in einem Jahr allein 20.000 Pfund für Erzeugnisse einsparen konnte, weil diese von unseren fünfzehn Gärtnern kamen, die mit beispielhafter Liebe, Leidenschaft und Freude sieben Hektar Land bewirtschaften.

Industrielle Landwirtschaft, Massentierhaltung, Fleischproduktion und Agrarindustrie tragen derzeit zu 25 bis 30 Prozent der Treibhausgase bei, die die globale Erwärmung verursachen. Die Menge an Wasser und Strom, die für den Anbau der weltweiten Nahrungsmittelversorgung durch moderne landwirtschaftliche Methoden verbraucht wird, ist kolossal. Die Art und Weise, wie diese Landwirtschaft wertvolle Böden auslaugt und erodiert, ist unermesslich. Die Folgen einer solchen Landwirtschaft für die natürliche Umwelt sind katastrophal, während die Qualität der durch solche Systeme erzeugten Lebensmittel bestenfalls minderwertig ist. Die Auswirkungen der Erzeugung und des Verzehrs solcher Lebensmittel auf die menschliche Gesundheit sind äußerst besorgniserregend, und dennoch halten wir an der Massentierhaltung fest, als ob es keine Alternative gäbe.

Die Agrarökologie gewinnt an Bedeutung und findet die Aufmerksamkeit derjenigen, die auf dem Weg der regenerativen Landwirtschaft nachhaltig gute Lebensmittel anbauen wollen. Der beste Weg dazu ist die Abkehr von einer Monokultur von Nutzpflanzen und der Fleischproduktion im industriellen Maßstab und die Einbeziehung des Prinzips der biologischen Vielfalt in die Landwirtschaft. Das Nebeneinander von Bäumen, Getreide, Blumen, Obst und Gemüse ist das wesentliche Prinzip der Agrarökologie. Die Vielfalt erhält die Fruchtbarkeit des Bodens und stärkt die Widerstandsfähigkeit der Pflanzen.

Durch die Industrialisierung und Mechanisierung der Landwirtschaft haben wir uns vom Boden entkoppelt. Durch die Agrarökologie können wir uns wieder mit dem Boden und unseren Wurzeln verbinden. Dennoch bezweifeln viele, dass mit solchen nachhaltigen Landwirtschaftsmethoden genügend Nahrungsmittel für die wachsende Weltbevölkerung erzeugt werden können. Dies ist auf den Irrglauben zurückzuführen, dass Lebensmittel angebaut werden können, ohne Menschen in den Prozess der Lebensmittelerzeugung einzubeziehen. Wir müssen zwar alle essen, aber wir wollen mit dem Anbau von Lebensmitteln nichts mehr zu tun haben. Wir wollen, dass Maschinen, Computer und sogar Roboter unsere Lebensmittel billig produzieren und weltweit vertreiben. Dies ist und bleibt allerdings der Weg, die Kohlenstoffemissionen zu erhöhen, die unsere gegenwärtige Klimakatastrophe verursachen. Wenn wir die Menschen richtig ernähren wollen, ohne die Klimakrise zu verschärfen, dann müssen sich mehr von uns an der Lebensmittelerzeugung beteiligen. Und warum auch nicht? Schließlich ist Nahrung Leben. Nahrung ist heilig.

Um auf die Krise des Klimachaos zu reagieren und regenerative und nachhaltige Systeme der Lebensmittelproduktion zu schaffen, müssen wir die Würde der Arbeit auf dem Land wiederherstellen. Die Kultivierung des Bodens und die Erzeugung von Lebensmitteln sind eine edle Berufung und eine wertvolle Tätigkeit. Lebensmittel sind nicht bloß Handelsware, sie sind eine Quelle des Lebens und ein heiliges Geschenk der Erde. Die Arbeit auf dem Land als Gärtner oder Bauer ist gut für unser körperliches und geistiges Wohlbefinden.

Die Ernährung am Schumacher College ist vegetarisch. Wir glauben, dass Mitgefühl für Tiere die Grundlage dafür ist, in unseren Herzen Mitgefühl für Menschen und alle Lebewesen zu entwickeln. Außerdem wird für die Ernährung eines Menschen mit pflanzlicher Kost nur ein Hektar Land benötigt, während für die Ernährung eines Menschen mit Fleisch fünf Hektar Land erforderlich sind. Tiere werden zunehmend in Fleischfabriken gehalten, wo der Wasserverbrauch immens ist und viele Tiere ihr ganzes Leben lang kein Tageslicht sehen. Diese unglücklichen Tiere werden von Menschen verzehrt. Wie können Menschen glücklich sein, wenn sie das Fleisch von unglücklichen Tieren essen? Mein Rat an Menschen, die Fleisch essen, ist, weniger davon zu essen und nur dann, wenn es von freilaufenden Tieren stammt, die ein gutes und glückliches Leben geführt haben. Und falls man bereit ist, Vegetarier zu werden, um so besser. Wenn das Essen gut zubereitet ist, wenn es frisch und lecker ist, werden wir das Fleisch nicht vermissen.

Einmal wurde ich in eine Grundschule eingeladen, um über die Umwelt zu sprechen. Nach meinem Vortrag kam ich mit einem neugierigen Schüler ins Gespräch, der mich zunächst nach meinem Lieblingstier fragte. »Der Elefant«, antwortete ich. Der Schüler fragte mich nach dem Grund, und ich erklärte ihm, dass der Elefant so groß und stark ist und dennoch vegetarisch lebt, was zeigt, dass man kein Fleisch essen muss, um groß und stark zu sein. Erstaunt fragte der Schüler, welches mein zweitliebstes Tier sei, worauf ich antwortete: »das Pferd«. Wieder wollte der Schüler wissen, warum, und ich antwortete ihm, dass Pferde so stark sind, dass wir die Leistung eines Motors in »Pferdestärken« messen, dass

Pferde aber ebenfalls Vegetarier sind. »Von nun an werde ich Vegetarier«, antwortete der Schüler und fühlte sich bereits ein wenig größer und stärker.

Es ist ganz und gar ein Mythos, dass wir nicht genug Kraft haben, wenn wir kein Fleisch essen. Meine Familie gehört der Jain-Religion an, und die Jains sind seit mehr als zweitausend Jahren strenge Vegetarier. Viele meiner Familienmitglieder, mich eingeschlossen, haben ein gesundes Leben geführt und sind weit über achtzig und neunzig geworden.

Vegetarische Lebensmittel sollten idealerweise biologisch sein. Chemikalien bestehen meist auf der Basis von Erdöl, das aus Tausenden von Metern Tiefe gefördert wird, und es ist dieser fossile Brennstoff, der Treibhausgase erzeugt, die zur globalen Erwärmung beitragen. Wenn Produkte und Getreide mit chemischen Düngemitteln unter Verwendung fossiler Brennstoffe angebaut und dann über weite Strecken transportiert werden, wofür wiederum fossile Brennstoffe verwendet werden, schmälert der Schaden für die Umwelt den Nutzen des Vegetarismus. Lokale, vegetarische und biologische Lebensmittel sind ein zusammenhängendes Ganzes, das wir respektieren sollten.

Wir dürfen auch nie auf die Idee kommen, gentechnisch verändertes Saatgut zu verwenden, das von multinationalen Unternehmen wie Monsanto (jetzt Bayer) produziert wird. Saatgut hat sich über Tausende von Jahren entwickelt, um den Bedingungen des Bodens, des Klimas und der Umwelt gerecht zu werden. Gentechnisch verändertes und modifiziertes kommerzielles Saatgut wird unter Laborbedingungen auf die Schnelle mit dem Ziel entwickelt, großen Profit zu erzielen, ohne Rücksicht auf die Kosten für die Umwelt oder die menschliche Gesundheit.

Traditionellen Bauern ist Saatgut heilig – es ist eine Quelle des Lebens. Ein kommerzielles Unternehmen wie Monsanto hingegen betrachtet Saatgut lediglich als Ware, die gekauft und verkauft wird, um Profit zu erzielen und die Bauern in Abhängigkeit zu bringen. Gentechnisch verändertes Saatgut ist also auch undemokratisch. Es nimmt den Bauern die Freiheit, ihr eigenes Saatgut zu erhalten. Es ist eine Illusion zu glauben, gentechnisch verändertes Saatgut brächte bessere Ernten hervor, denn während die Ernte größer wird, nimmt der Nährwert ab. Es ist für alle besser, nahrhafte Lebensmittel in kleineren Mengen zu essen als modifizierte und ungesunde Lebensmittel in großen Mengen.

Lasst uns unsere gesunden Lebensmittel mit Liebe und vor Ort anbauen. Sie sollen weitgehend vegetarisch, biologisch und frei von genetischen Veränderungen sein. Verzehren wir unser Essen mit Liebe, in kleinen Mengen und im Kreise unserer Freunde und Familie. Liebe zum Essen bedeutet, das Essen zu zelebrieren und nicht dem Essen zu frönen. Ich teile das Essen mit anderen als Ausdruck meiner Liebe zu ihnen. Ein gutes Essen drückt Liebe deutlicher aus als Worte.

25

Einfachheit

Große Taten bestehen aus vielen kleinen Taten.

LAOTSE

Liebe zur Einfachheit ist die Voraussetzung für Nachhaltigkeit, Spiritualität, gesellschaftliche Harmonie und Frieden.

Im Jain-Glauben kommt das Prinzip von *aparigraha* nach *ahimsa (Gewaltlosigkeit) an* zweiter Stelle. Es ist ein sehr schönes Wort, aber nicht leicht zu übersetzen. Es bedeutet Freiheit von den Fesseln des materiellen Besitzes. Es ist ein ökologisches Prinzip. Es ist der Grundsatz der Verminderung des Konsums, einer minimalen Anhäufung von materiellem Besitz. Wenn wir mit drei oder vier Hemden auskommen, warum dann zehn oder zwanzig haben? Schließlich können wir immer nur ein Hemd auf einmal tragen. Warum müssen wir einen ganzen Schrank voller Schuhe anhäufen, wenn ein paar wenige ausreichen? Und so geht es weiter mit jedem materiellen Besitz. Jains sind angehalten, materielle

Gegenstände zu nutzen, um ihre Bedürfnisse zu befriedigen und nicht ihre Gier. Wenn man *aparigraha* praktiziert, wird man von der Last, den Sorgen und der Angst befreit, zu viele Dinge zu besitzen.

Dieser Grundsatz, nichts anzuhäufen, ist genau das Gegenteil unserer modernen Vorstellung von Wirtschaft, in der die Maximierung der Produktion und die Maximierung des Konsums das treibende Ideal ist. Selbst bei religiösen Festen wie Weihnachten und Ostern haben Shopping und Konsum Vorrang vor religiösen Ritualen. Die Menschen sind so sehr mit dem Kaufen und Verkaufen *beschäftigt*, dass ihnen keine oder nur sehr wenig Zeit für ihre geistige Nahrung bleibt: keine Zeit für sich, keine Zeit zum Nachdenken oder zum Ausüben einer Kunst oder eines Handwerks.

Der Konsum überflutet unser Zuhause, unser Leben und unseren Arbeitsplatz. Unsere Kleiderschränke sind voll von ungetragenen Kleidern, Schuhen, Jacken und so weiter. In unseren Küchen stehen Dinge in Schränken, die wir kaum benutzen, aber wir halten an ihnen fest, weil wir denken, dass sie eines Tages von Nutzen sein könnten, auch wenn dieser Tag nie kommt. Das gleiche gilt für unsere Schreibtische, auf denen sich Tag für Tag Papiere, Akten und Bücher stapeln und den Platz verstellen. Wir haben uns daran gewöhnt, zu sammeln und aufzubewahren. Wenn wir uns unsere Dachböden, unsere Schlafzimmer und unsere Schränke ansehen, finden wir überall Gerümpel.

Das Problem ist indes viel schwerwiegender als bloße Platzverschwendung. All diese materiellen Güter müssen irgendwo herkommen. Sie kommen von der Erde und damit von der Natur. Massenabbau, Massenproduktion, Massenvertrieb und Massenkonsum führen zu Verschwendung und Verschmutzung auf globaler Ebene. Wenn wir die Natur lieben und es mit der Nachhaltigkeit ernst meinen, dann müssen wir unsere Gewohnheiten ändern, unnötigen Besitz in unseren Wohnungen und an unseren Arbeitsplätzen anzuhäufen, und die Kunst erlernen, mit weniger gut zu leben.

Wenn die vielen Milliarden Menschen auf diesem Planeten so viel anhäufen, konsumieren, verschwenden und verschmutzen würden wie Europäer und Amerikaner, bräuchten wir drei Planeten und vielleicht noch mehr, um das alles unterzubringen. Tatsache ist, dass wir nur einen Planeten haben, so dass Einfachheit – einfach zu leben und einen kleinen Fußabdruck auf der Erde zu hinterlassen – ein Gebot der Nachhaltigkeit ist. Viele der Waren, die wir anhäufen, werden billig in Ländern hergestellt, in denen Arbeit billig ist, etwa China oder Bangladesch. Wir kaufen sie und sind ihrer bald überdrüssig, also werfen wir sie weg, und das Land wird überfüllt. Im Gegensatz dazu achtet die Einfachheit bei jeder Anschaffung auf Eleganz und Schönheit. Alles, was wir besitzen, sollte schön, nützlich und langlebig sein.

Wie meine Mutter zu sagen pflegte: »Habe wenig Dinge, aber habe schöne Dinge, damit du sie schätzen, benutzen und mit Freude tragen kannst.« Diese traditionelle Weisheit war einst gesunder Menschenverstand, aber leider ist diese Haltung nicht mehr sehr weit verbreitet.

Die Liebe zur Einfachheit ist auch eine Voraussetzung für Spiritualität. Für unser persönliches Wohlbefinden brauchen wir Zeit für uns, um zu meditieren, Yoga oder Tai Chi zu praktizieren, Gedichte oder Bücher mit spirituellen Lehren zu lesen und in uns selbst zu ruhen. Wir arbeiten lange und hart für das Geld, für das wir Geräte und Besitztümer anschaffen, und dann müssen wir die übrige Zeit damit zubringen, einzukaufen und das Geld auszugeben. Am Ende sind wir froh, wenn wir Zeit haben, uns an den Dingen zu erfreuen, die wir angesammelt haben. Und doch klagen wir darüber, keine Zeit für uns zu haben, für unser geistiges Wohlbefinden, für phantasievolle Arbeit, für das Lesen oder Dichten, für das Malen oder die Gartenarbeit, für das Hören von Musik oder für einen Spaziergang.

Ein vollgestopftes Haus schafft ein vollgestopftes Hirn. Wenn wir einfach leben, brauchen wir weniger Geld. Befreit von der Notwendigkeit, mehr zu arbeiten, wird unsere Zeit von Plackerei und langweiliger Routine befreit. Wir können einen Weg spiritueller Erfüllung einschlagen; wir können uns auf unser persönliches Wohlbefinden und auf die Entwicklung von Kunst, Handwerk und unserer Phantasie konzentrieren. Wir können der Freundschaft und der Liebe Zeit und Raum geben. Es ist ein schönes Paradoxon: Materieller Minimalismus maximiert das spirituelle und ökologische Wohlbefinden.

Einfachheit ist ebenso Voraussetzung für soziale Gerechtigkeit. Wenn einige von uns zu viel haben, haben andere unweigerlich zu wenig. Wir müssen einfach leben, damit andere einfach leben können. Manche wollen den Luxus von mehr als einem Haus, mehr als einem Auto, mehr als einem Computer, mehr von allem. Eine solche Ungleichheit stellt eine Ungerechtigkeit dar und schafft Neid und sozialen Unfrieden. Ich habe Menschen mit außerordentlichem Luxus gekannt, und sie sind nicht glücklicher als jene, die ein viel einfacheres Leben führen. Das Glück liegt nicht im Besitz von Dingen. Das Glück liegt in der Zufriedenheit des Herzens. Wenn man weiß, dass genug genug ist, hat man immer genug, und wenn man das nicht weiß, ist es egal, wie viel man hat: Es ist nie genug.

Wenn ich von Einfachheit spreche, dann meine ich nicht ein Leben unter Entbehrungen in Lumpen und Armut. Ich glaube an ein gutes Leben, an schöne Dinge, an Kunst und Handwerk und an Tüchtigkeit. Ich glaube an Freude und Feste. Tatsächlich geht Eleganz immer der Einfachheit voraus, die meiner Meinung nach von Natur aus elegant ist und immer sein sollte. Wir alle sollten ein angenehmes und freudvolles Leben haben. Aber heutzutage ist unser kompliziertes Leben nicht mehr angenehm. Wir opfern unser Wohlbefinden bloßer Bequemlichkeit, doch nach ihr zu streben, ist ein Irrweg.

Viel zu vielen bleibt Wohlbefinden gänzlich vorenthalten. Wenn wir mit Reichtum gesegnet sind, können wir ihn für wohltätige Zwecke, für Sorge für die Erde und ihre Bewohner verwenden.

Liebevolle Einfachheit erfordert Aufmerksamkeit, Gewahrsein und Achtsamkeit. »Jeder Narr kann Dinge kompliziert machen. Es erfordert Genie, Dinge einfach zu halten«, sagte E.F. Schumacher. Und wir alle tragen dieses angeborene Genie in uns. Das einzige ist, aufmerksam zu sein und unser Genie zu entdecken: um gut zu leben, indem wir einfach leben.

Eine Wirtschaft der Maßlosigkeit führt zu Krieg. Eine Wirtschaft der Einfachheit führt zu Frieden. Wenn wir einen immer höheren Lebensstandard und ein immer größeres Wirtschaftswachstum anstreben, eignen wir uns natürliche Ressourcen an. Wir führen Krieg für Öl, für Land und für andere Ressourcen.

Von Leo Tolstoi bis Mahatma Gandhi haben alle großen Sozialreformer und Schriftsteller den Weg des Friedens gewiesen, indem sie Einfachheit lebten und praktizierten. Wie Tolstoi in seinem großen Buch *Krieg und Frieden* sagte: »Es gibt keine Größe, wo es nicht Einfachheit, Güte und Wahrheit gibt.«

26

Vernunft und Wissenschaft

You can't blame gravity for falling in love.
(Man kann es nicht der Schwerkraft anlasten,
wenn man sich verliebt.)

ALBERT EINSTEIN

Die Menschheit befindet sich auf einem Weg, dem Weg von der Trennung zur Beziehung, von der Lust zur Liebe und vom Dualismus zur Einheit. Einer der vorherrschenden Dualismen unserer Zeit war die Trennung zwischen Wissenschaft und Spiritualität, zwischen Vernunft und Liebe. Seit dem Zeitalter der reinen Vernunft hat unser Bildungssystem sehr viel dafür getan, die Überzeugung zu etablieren, Wissenschaft müsse frei von Spiritualität sein und Spiritualität solle nichts mit Wissenschaft zu tun haben. Mit anderen Worten: Die Vernunft muss herrschen, während die Liebe in den persönlichen Bereich verbannt wird.

In den letzten hundert Jahren haben Millionen von Hochschulabsolventen die Universitäten in der Überzeugung verlassen, Spiritualität sei eine Angelegenheit des Privatlebens, wenn nicht gar etwas, das man völlig ablehnen sollte. So hat man frühere und heutige Wissenschaftler ignoriert, die zwischen dem Wissenschaftlichen und dem Spirituellen, zwischen Liebe und Vernunft keinen unüberbrückbaren Gegensatz sehen.

Der herausragende deutsche Dichter und Naturwissenschaftler Johann Wolfgang von Goethe arbeitete mit einem tiefgründigen wissenschaftlichen Geist. In seinen Büchern *Metamorphose der Pflanzen* und *Farbenlehre* wandte er sich gegen die enge und lineare Sichtweise der Wissenschaft. Mit seinem phänomenologischen Verständnis der Natur vertrat er eine eher zusammenhängende, zyklische und ganzheitliche Wissenschaft. Goethes idealistische und spirituelle Wissenschaft wurde jedoch von den meisten Studenten der Naturwissenschaften übergangen. Er wurde zwar als großer Dichter, nicht aber als Wissenschaftler gewürdigt.

Das gleiche gilt für Leonardo da Vinci, der als großer Künstler, aber kaum als einflussreicher Wissenschaftler in Erinnerung geblieben ist. Da er sich mit lebenden Formen beschäftigte und sowohl eine Wissenschaft der Qualität als auch eine der Quantität vertrat, hat die heute aufkommende systemische Wissenschaft ihre Wurzeln in da Vincis Werk. In dem Moment, in dem eine Wissenschaft in Qualitäten denkt, kommt das Geistige ins Spiel.

Auch Albert Einstein war ein Geisteswissenschaftler. Er sagte: »Jeder, der sich ernsthaft mit Wissenschaft beschäftigt, ist davon überzeugt, dass sich in den Gesetzen des Universums ein Geist manifestiert, vor dem wir Menschen mit unseren bescheidenen Kräften demütig sein müssen.« Einstein respektierte die religiöse Dimension der menschlichen Erfahrung und behauptete: »Wissenschaft ohne Religion ist lahm und Religion ohne Wissenschaft ist blind.« Er sprach nicht von religiösen Organisationen, sondern von der religiösen Erfahrung, die jenseits von Messungen und institutionellen Dogmen liegt.

Die Verbindung von Spiritualität und Wissenschaft, Liebe und Vernunft hilft uns, Sinn und Maß zusammenzubringen. Diese beiden sollten nicht zerstückelt oder getrennt werden. Ein Gefühl des unvermittelten Staunens und der Neugier, der Intuition und Inspiration existiert vor dem empirischen Wissen aus Experimenten, Beweisen und Nachweisen, die zu wissenschaftlichen Hypothesen und Theorien führen. Es ist eine große Torheit, unvermittelte Intuition oder Inspiration zu leugnen, wie es einige materialistische Wissenschaftler tun.

Das Wort *Spirit* bedeutet einfach Atem oder Wind. Wir können den Wind nicht sehen, berühren oder messen, aber wir können ihn spüren. So wie die Äste eines Baumes vom Wind bewegt werden, werden die Menschen vom Geist bewegt. Der Atem oder Wind ist die unsichtbare und subtile Kraft, die das Leben ermöglicht. Das Sichtbare ruht im Unsichtbaren. Die äußere materielle Realität wird durch die Kraft der inneren, geistigen Wirklichkeit zusammengehalten. Das eine anzuerkennen und das andere zu leugnen, ist so, als wolle man, dass ein Vogel nur mit einem Flügel fliegt.

Die Wirklichkeit der Ganzheit setzt sich aus zwei miteinander verbundenen Aspekten zusammen. Die Chinesen nennen es die Harmonie von Yin und Yang. Die Inder nennen es das Gleichgewicht von Shiva und Shakti. Positiv und negativ, dunkel und hell, schweigen und reden, Leere und Fülle, Geist und Materie – das Unmanifeste und das Manifeste sind Teil eines einzigen Ganzen.

Die Verbindung von Wissenschaft und Spiritualität hat einen sehr praktischen Zweck. Wissenschaft ohne Spiritualität kann leicht die ethische Perspektive verlieren. Wissenschaftler, die sich nicht von der Spiritualität leiten lassen, haben Atombomben und andere Kriegswaffen erfunden, Gentechnik, künstliche Intelligenz, Massentierhaltung, in der Tiere unter grausamen Bedingungen gehalten werden, und Technologien, die zu Abfall, Verschmutzung und Zerstörung der natürlichen Welt führen. Die Wissenschaft, die sich nicht von geistigen Werten leiten lässt, ist für viele der Probleme verantwortlich, denen die Welt sich heute gegenübersieht. Die Wissenschaft braucht die helfende Hand der spirituellen Weisheit, um ihre Integrität zu wahren und ihre Macht richtig zu gebrauchen. Wissenschaft an sich ist nicht gutartig, wertfrei oder neutral. Ohne geistige Einsicht kann Wissenschaft gefährlich und der Manipulation durch die Reichen und politisch Mächtigen unterworfen werden.

So, wie Wissenschaft der Spiritualität bedarf, so bedarf Spiritualität der Wissenschaft. Ohne Wissenschaft kann Spiritualität leicht und schnell in blinden Glauben, Dogmatismus, Sektierertum und Fundamentalismus umschlagen. Unwissenschaftlich gesinnte Menschen behaupten allzu leicht: »Mein Gott ist der einzig wahre Gott, und mein ist die Wahrheit. Jeder muss zu meiner Wahrheit bekehrt werden.« Eine solche enge religiöse Exklusivität hat zu Kriegen, Konflikten, Terrorismus und Spaltung geführt. Wissenschaft trägt dazu bei, unseren Geist offen zu halten, damit wir nach der Wahrheit suchen und unser Handeln am Wohl der gesamten Menschheit und aller Lebewesen, der menschlichen und der nichtmenschlichen, orientieren.

Wollen wir in einer fragmentierten Weise leben, entweder als Materialisten, die die subjektive Dimension der spirituellen Weisheit ablehnen, oder als spirituell Suchende, die die objektive Welt der wissenschaftlichen Entdeckungen verunglimpfen? Wir haben die Wahl. Ich schlage vor, dass wir Spiritualität mit wissenschaftlichem Verstand vereinen. Für mich sind Wissenschaft und Spiritualität zusammengehörende Teile eines Ganzen. Wissenschaft beruht auf der Vernunft, Spiritualität auf Liebe.

Laut dem bekannten Neurologen Iain McGilchrist hat unser Gehirn zwei Hemisphären. Die linke Hemisphäre beherbergt die Wissenschaft und die rechte Hemisphäre den Geist und Intuition und Liebe. In seinem Buch *The Master and His Emissary (Der Meister und sein Abgesandter)* sagt McGilchrist, die rechte Hemisphäre des Geistes sei die dominierende Kraft und solle dies auch sein, während die linke Hemisphäre, wo Wissenschaft und Vernunft wohnen, der Abgesandte sei und sein solle. Dauerhafte Liebe erreicht man durch die Vereinigung der beiden Gehirnhälften.

Aber beeinflusst durch die Vorgänge in unserem sozialen, wirtschaftlichen und politischen Leben und dazu noch unterstützt durch die moderne Erziehung sind wir dazu übergegangen, die linke Hemisphäre zu begünstigen und die rechte zu unterdrücken. Der Abgesandte regiert, während der Meister weggesperrt ist!

Bei Wissenschaft und Vernunft geht es um Theorie und Messung. Bei der Spiritualität geht es um die implizite, die innere Wirklichkeit. Die Wissenschaft betrachtet die Welt und sieht ihre verschiedenen Teile als Bruchstücke. Spiritualität betrachtet die Welt und sieht sie als Ganzes. Die Wissenschaft betrachtet die Erde, die Natur und sogar den menschlichen Körper in mechanistischen Begriffen. Die Spiritualität betrachtet sie alle als lebende Organismen.

Sehen wir es ganzheitlich und non-dualistisch, brauchen wir beide Seiten. Wir müssen die linke Gehirnhälfte ebenso aktiv halten wie die rechte. Wir werden zugleich mit zwei unglaublichen Gaben geboren. Welchen Sinn hat es dann, nur die eine oder die andere zu gebrauchen?

Lasst uns in unser Bildungssystem und in unsere gesellschaftliche, wirtschaftliche und politische Welt die spirituellen Qualitäten von Liebe, Mitgefühl, Demut und Gegenseitigkeit wieder einbringen. Und lassen wir Wissenschaft und Vernunft, das Messbare und die Mathematik unsere religiöse, spirituelle und emotionale Weltsicht erweitern.

Die Frage ist, wo fangen wir an? Wie können wir sicherstellen, dass es keine Spaltung zwischen Liebe und Vernunft, zwischen Wissenschaft und Spiritualität gibt? Die Antwort ist: Bildung. Wir müssen bei unseren Kindern beginnen. Zu Hause und in der Schule, in den Hochschulen und Universitäten müssen wir das große Ganze wieder sichtbar machen, die ganze Geschichte: Inneres und Äußeres, Geistiges und Materielles, Liebe und Verstand, Herz und Kopf. Lasst wieder Liebe in die Bildung einkehren.

27

Lernen

Bildung ist das Entfachen einer Flamme,
nicht das Füllen eines Gefäßes.

SOKRATES

Die heutige Bildung fördert in erster Linie die Aufnahme von Informationen und dann, in geringerem Maße, von Wissen; leider gibt es in unseren Schulen und Universitäten wenig Raum oder Gelegenheit, Erfahrung und Weisheit, Spiritualität und Liebe einzubeziehen. Man glaubt, der Schüler sei ein leeres Gefäß und es sei die Aufgabe des Lehrers, das leere Gefäß mit so viel nützlichen Informationen wie möglich zu füllen. Dies ist ein falsches Verständnis von Bildung (engl. *education*). Das Wort kommt vom lateinischen *educo,* was so viel bedeutet wie »herausführen« oder »hervorholen«, und gemeint ist, dass derjenige, der erzieht, das entwickelt, was bereits vorhanden ist, er bringt hervor, was schlummert. Zu bilden (engl. *to educate*) heißt, hervorzubringen, was bereits innerlich angelegt ist.

Wir können einen Schüler mit einem Samen vergleichen. Im Samen steckt bereits der Baum. Ein Gärtner oder ein Obstbauer oder ein Förster bringt dem Samen nicht bei, zu einem Baum zu werden. Die Arbeit eines Gärtners besteht darin, den richtigen Boden zu bereiten und die richtigen Bedingungen zu schaffen, damit der Samen sich selbst verwirklichen und zum Baum werden kann. Die Schüler haben das gleiche angeborene Potential, zu dem zu werden, was sie sind, wenn sie heranwachsen. Die Aufgabe eines Pädagogen und damit unserer Bildungseinrichtungen besteht darin, die Schüler zu unterstützen und ihnen ein Umfeld und Bedingungen zu bieten, die der Selbstentdeckung und Selbstverwirklichung förderlich sind.

Bildung sollte nicht der Selbstvermarktung oder dem Eigennutz dienen; bei Bildung geht es nicht um guten Job, damit wir uns ein großes Haus, ein schönes Auto und andere materielle Besitztümer für unseren Komfort kaufen können. Bildung ist nicht dazu da, das Ego zu stärken oder den Wunsch nach Ruf, Ruhm, Status, Anerkennung, Macht und Position zu befriedigen. Bildung ist der Weg der Selbstentdeckung und Selbstverwirklichung im Dienst der menschlichen Gemeinschaft und der Erde. Jedes Glied der menschlichen Gemeinschaft profitiert von Austausch und Wechselseitigkeit, denn wir sind alle miteinander verwandt und verbunden.

Die moderne Bildung bringt Erwachsene hervor, denen die Fähigkeiten und das Selbstvertrauen fehlen, um belastbar und selbständig zu sein und selbstlos zu dienen. Die moderne Bildung bringt Erwerbstätige und Angestellte hervor. Ihre Arbeit besteht meist darin, Maschinen zu bedienen oder Papiere umzuschichten. Selbst Bauern müssen den Boden und die Saat nicht mehr anfassen, die Ernte nicht mehr einbringen und die Kühe nicht mehr mit ihren Händen melken.

Der größte Teil des verarbeitenden Gewerbes ist denselben Weg gegangen. Maschinen haben menschliche Hände ersetzt, und im Zeitalter der Robotik sieht es so aus, dass Roboter den Menschen immer weiter ersetzen. Die moderne Bildung ist nicht nur für eine

Herabminderung der Qualifikation, sondern auch für Entmenschlichung verantwortlich.

Um von bloßer Information zum Wissen und über Erfahrung zur Weisheit zu gelangen – das ist ja der Zweck echter Bildung –, müssen wir ein Lernen durch Handeln (*learning by doing*) einführen. Wir müssen unseren Kopf, unser Herz und unsere Hände gebrauchen, um Wissen zu erwerben und grundlegende Erfahrungen zu machen. Weisheit entsteht, wo Wissen und Erfahrung zusammentreffen. Die Aufgabe der Bildung besteht nicht darin, immer mehr Konsumenten hervorzubringen, sondern den Menschen zu helfen, zu Machern und Schöpfern, Dichtern und Künstlern zu werden, indem sie ihre eigenen Fähigkeiten und Techniken entwickeln und ihre Intuition und Vorstellungskraft aktivieren. Wie der amerikanische Journalist Sydney Harris einmal sagte: »Sinn und Zweck der Bildung ist es, Spiegel in Fenster zu verwandeln.«

Deshalb sollte es an jeder Schule einen Garten geben, damit junge Menschen lernen können, wie man Lebensmittel anbaut. Schülern und Lehrern sollten Einrichtungen und Möglichkeiten geboten werden, ihr eigenes Mittagessen mit gesunden und frischen Zutaten zuzubereiten, so dass das Schulessen zu einer Gelegenheit wird, Gemeinschaft zu schaffen und ein Gefühl der Zugehörigkeit zu entwickeln. Wir müssen allen jungen Menschen die Möglichkeit bieten, handwerkliche Tätigkeiten wie Töpfern, Holzarbeiten, Weben, Flicken und allgemein das Reparieren zu erlernen. Herstellung und Fertigung sollten den Naturwissenschaften, der Mathematik und der Literatur gleichgestellt werden. Das ist der Weg des Lernens durch Tun. Wie man so schön sagt: »Erzähle mir etwas, und ich vergesse es, unterweise mich, und ich erinnere mich vielleicht, beziehe mich ein, und ich lerne.«

Es ist an der Zeit, aufzuwachen und den Sinn der Bildung wiederzuentdecken und sie in eine Pilgerfahrt der Selbstentdeckung zu verwandeln. Dies kann nur geschehen, wenn wir bereit sind, uns auf Ungewissheiten, Zweideutigkeit, Schwierigkeiten und

Mühen einzulassen. Erst wenn wir Probleme haben, können wir unsere Vorstellungskraft nutzen, um sie zu lösen, anstatt vor ihnen wegzulaufen. Im geschützten Raum des Klassenzimmers können wir uns Informationen aneignen, in der Ruhe der Bibliothek können wir uns Wissen aneignen, aber Erfahrung können wir nur sammeln, wenn wir uns draußen im Getöse des Lebens und in der unberechenbaren Umgebung der Natur befinden.

Technik ist verführerisch und ein zweischneidiges Schwert. Sie kann ein nützliches Werkzeug sein, etwa um Kontakte zu knüpfen, oder sie kann ein brutales Mittel der Kontrolle darstellen. Wenn die Technik der Diener ist und mit Weisheit eingesetzt wird, um menschliche Beziehungen zu verbessern, ohne die Umwelt zu verschmutzen oder natürliche Ressourcen zu verschwenden, dann kann sie gut sein. Wird die Technik jedoch zum Beherrscher, werden menschliche Kreativität und ökologische Integrität auf ihrem Altar geopfert, dann wird die Technik zu einem selbst geschaffenen Fluch.

Verfechter digitaler Technik verfolgen die Idee, das Unterrichten von Angesicht zu Angesicht in ein Bildungssystem zu verwandeln, das auf Internettechnik beruht und per Fernsteuerung betrieben wird, wodurch digitale Technik vollständig und dauerhaft in den Bildungsprozess integriert würde. Auf diese Weise wird die Möglichkeit für persönliche Beziehungen und tiefergehende Interaktionen zwischen Schülern und Lehrern ausgeschaltet. Doch jeder Mensch kommt mit seinem einzigartigen Potential auf die Welt. Keine zwei Samen wachsen zu demselben Baum heran. Die Arbeit eines wahren Lehrers besteht darin, diese besondere geistige Qualität in einem Kind zu beobachten und zu erkennen und dabei zu helfen, sie zu nähren und mit Sorgfalt, Aufmerksamkeit und Einfühlungsvermögen zu fördern. Die schöne Idee der Bildung besteht also darin, die menschliche Vielfalt, die kulturelle Vielfalt und die Vielfalt der Talente durch dezentralisierte, demokratische, menschengerechte, beseelte und persönliche Schulsysteme zu erhalten. Wie können wir von einem Computer erwarten, »hervorzubringen«, was jedem einzelnen menschlichen Kind angeboren und einzigartig bei ihm ist.

Eine gute Schule ist eine Gemeinschaft von Lernenden, in der Bildung nicht von einer entfernten Autorität vorgegeben wird, sondern eine Entdeckungsreise ist, bei der Schüler, Lehrer und Eltern zusammenwirken, um herauszufinden, wie man sich der Welt gegenüber gut und richtig verhält, und um sinnvolle Wege zu finden, sich gemeinsam in ihr zu bewegen. Bildung ist also ein Vorgang, der sich aus sich selbst heraus entwickelt.

Die Vorstellung eines digitalen Lernens durch Fernsteuerung und vorgegebene Lehrpläne entfernt sich völlig vom vielfältigen und ganzheitlichen Ideal der Bildung. Digitaler Unterricht betrachtet Kinder als identische leere Gefäße, die von außen mit Informationen gefüllt werden müssen. Die Informationen oder das Wissen, das dem Kind ferngesteuert und digital vermittelt wird, wird zentral von Menschen bestimmt, die ein persönliches Interesse an einem bestimmten Ergebnis haben. Und dieses Ergebnis besteht größtenteils darin, Menschen zu Instrumenten zu machen, die die Geldmaschine am Laufen halten und die Rentabilität großer Konzerne steigern.

Solche zentralisierten und unpersönlichen Systeme der digitalen Bildung zerstören die Vielfalt und erzwingen Uniformität; sie zerstören die Gemeinschaftskultur und erzwingen eine Unternehmenskultur; sie zerstören die kulturelle Vielfalt und erzwingen Monokultur.

Ein Computer kann Freundlichkeit nicht lehren. Nur in einer echten Lerngemeinschaft können Kinder erfahren, wie man liebevoll, freundlich, mitfühlend und respektvoll miteinander umgeht. In einer Schulgemeinschaft lernen die Kinder gemeinsam, spielen gemeinsam, essen gemeinsam und lachen gemeinsam. Wenn sie Glück haben, führen sie gemeinsam Theaterstücke auf und geben Konzerte. Sie machen gemeinsam Ausflüge. Durch diese gemeinsamen menschlichen Aktivitäten gewinnen die Kinder eine tiefe Wertschätzung für das Leben. Bildung ist mehr als die Aneignung von Informationen und Fakten; Bildung ist eine lebendige Erfahrung. Wer stundenlang vor dem Computer sitzt, lernt keine sozialen Fähigkeiten, keine ökologische Weltsicht und erfährt keine geistigen Werte.

Die Zukunft unserer Kinder in die Hände einiger weniger digitaler Giganten wie Google, Microsoft und Amazon zu legen und diesen Unternehmen die Verantwortung für die Bildungssysteme zu übertragen, ist die Einladung für eine digitale Diktatur, die das Tor zur Katastrophe öffnet. Wenn demokratische Gesellschaften gegen eine Militärdiktatur sind, warum sollen sie dann eine Konzerndiktatur zulassen, geschweige denn ihre eigenen Kinder einer solchen überantworten? Mit Hilfe intelligenter Technik können diese gewaltigen Unternehmen jede Aktivität unserer Kinder nachverfolgen und diese Informationen nutzen, und später als Erwachsene können sie durch Algorithmen und Datenmanipulation kontrolliert werden. Wir haben bereits erlebt, wie Algorithmen, künstliche Intelligenz, Biotechnologie, Nanotechnologie und andere Formen sogenannter intelligenter Technologien zur Kontrolle, Manipulation und Untergrabung demokratischer Werte eingesetzt wurden. Den Technologieriesen, die den Menschen als »biologische Gefahr« betrachten, kann man die Zukunft unserer Kinder nicht anvertrauen. Wie könnten wir eine solch dystopische Realität zulassen?

Anstatt in virtuelle Techniken zu investieren, sollten unsere Gesellschaften in Menschen investieren. Wir sollten in mehr Lehrer und in kleinere Schulen investieren. Wir sollten kleinere Klassen und eine von unten nach oben ausgerichtete, phantasievolle, freundliche und angemessene Technik anstreben. Unsere Kinder müssen nicht nur *über* die Natur etwas lernen, sondern auch *von* der Natur. Sie müssen von den Wäldern und der Landwirtschaft, der Permakultur und dem Ackerbau, der Agrarökologie und dem biologischen Gartenbau, dem Meeresleben und der Tierwelt lernen. Solche Kenntnisse und Fähigkeiten kann man nicht erwerben, indem man auf einen Computerbildschirm starrt. Technik und

Wissenschaft spielen in der Bildung eine Rolle, aber wir sollten sie an ihrem Platz lassen und ihnen nicht erlauben, unser Leben und das unserer Kinder zu beherrschen.

Wir treten in ein neues Zeitalter ein: das Zeitalter der Ökologie. Deshalb müssen wir das Bildungssystem entsprechend neu ausrichten. Wenn wir uns auf ein ganzheitliches Bildungsparadigma konzentrieren, werden wir Ökologie und Ökonomie, Liebe und Vernunft, Wissenschaft und Spiritualität zusammenbringen. Auf diese Weise schaffen wir Bildung für die kommenden Generationen.

28

Großzügigkeit

Du sagst oft: »Ich würde ja etwas abgeben,
aber nur an jene, die es verdienen.«
Die Bäume in deinem Obstgarten sagen das nicht, und
auch nicht die Herden auf deiner Weide.
Sie geben, auf dass sie leben,
denn wer nicht gibt, vergeht.

KHALIL GIBRAN

Großzügigkeit bedeutet, die Angst loszulassen; die Angst des Gebenden wie des Empfangenden. Meine unmittelbarsten Erfahrungen mit Großzügigkeit machte ich kultur- und kontinentübergreifend während meines achttausend Meilen langen Marsches für den Frieden, der am Grab von Mahatma Gandhi in Neu-Delhi begann und am Grab von John F. Kennedy in Washington, D.C. endete. Da ich zu Fuß und ohne Geld unterwegs war, hatte ich gar keine andere Wahl, als meine Ängste loszulassen und in meinem Herzen darauf zu vertrauen, dass Menschen, die mich nicht kannten, mir Tag für Tag Nahrung und Unterkunft, Liebe und Segen schenken würden, und das über mehr als zwei Jahre.

♡

An der indisch-pakistanischen Grenze kam eine meiner besten Freundinnen, Kranti, zu mir und bot mir einige Pakete mit Essen an.

»Du solltest wenigstens das hier mitnehmen«, sagte sie. »Du gehst nach Pakistan. Wir befinden uns immer noch im Kriegszustand. In den Köpfen vieler Menschen dort ist Indien Feindesland. Bitte nimm etwas zu essen und etwas Geld mit, für alle Fälle.«

»Meine liebe Freundin«, sagte ich, »eines der Ziele unserer Pilgerreise ist es, unter Feinden Frieden zu stiften und die Großzügigkeit der einfachen Menschen zu erfahren. Wenn ich etwas zu essen nach Pakistan mitnehme, dann trage ich Angst in meinem Herzen. Furcht führt zu Kriegen. Um Frieden zu schaffen, muss ich Vertrauen haben. Die Pakete mit Lebensmitteln, die du mir mitgeben willst, sind nicht einfach nur Pakete mit etwas zu essen, es sind Pakete von Angst und Misstrauen.«

»Du wanderst durch muslimische Länder«, sagte sie schluchzend. »Christliche Länder, kommunistische Länder, kapitalistische Länder, unbekannte Orte, unbekannte Sprachen, hohe Berge, weite Wüsten, wilde Wälder und eiskalter Schnee! Wie willst du ohne Geld und ohne Essen überleben? Ich weiß nicht, ob ich dich jemals wiedersehen werde!«

»Menschen sind überall Menschen«, sagte ich in dem Versuch, meine Freundin zu beruhigen. »Und Menschen sind großzügig. Aber wenn ich gelegentlich nichts zu essen bekomme, dann werde ich diesen Tag als Gelegenheit zum Fasten nutzen. Ich werde den Hunger genießen! Wenn ich hin und wieder keine Unterkunft für die Nacht bekomme, werde ich in einem Millionen-Sterne-Hotel schlafen; das wäre doch viel besser als ein Fünf-Sterne-Hotel! Vor allem aber habe ich Vertrauen in die Menschen. Es wird mir gut ergehen. Gib mir deinen Segen. Umarme mich.«

Als wir in Pakistan aus der Grenzkontrolle kamen, begrüßte uns zu unserer großen Überraschung ein junger Mann, der sich als Gulam Yasin vorstellte. Er fragte uns, ob wir die beiden Inder seien, die auf Gunst angewiesen für den Frieden durch Pakistan wandern würden.

»Ja, das sind wir«, antwortete ich, »aber woher weißt du von uns und unserem Weg für den Frieden? Wir kennen niemanden in Pakistan, und wir haben niemandem geschrieben. Und doch bist du hier.«

»Eure Geschichte ist euch vorausgeeilt. Als ich von euch hörte, dachte ich: Ich bin auch für den Frieden und möchte euch meine Gastfreundschaft anbieten. Ich bin gekommen, um euch zu begrüßen und zu empfangen. Willkommen in Pakistan.«

Wir hatten gerade erst den Fuß auf pakistanischen Boden gesetzt und erlebten schon eine echte Geste der Großzügigkeit. Wir wurden von einem völlig Fremden willkommen geheißen. Gulam Yasin erzählte uns, er wohne sechzehn Meilen entfernt in Lahore, und bot uns an, uns zu seinem Haus zu fahren, wo wir, so lange wie wir wollten, seine Gäste sein dürften. Wir bedankten uns bei ihm, bestanden aber darauf, zu Fuß zu gehen und ihn trotz der sengenden Hitze dort zu treffen. Er versuchte, uns umzustimmen, aber wir erklärten ihm, dass wir die gesamte Strecke zu Fuß zurücklegen würden, denn wir hatten uns dazu verpflichtet. Wir versicherten ihm, dass wir ihn am Abend am vereinbarten Ort treffen würden, und schließlich lenkte er ein.

Als wir uns auf den Weg nach Lahore machten, sagte ich zu Menon: »Wenn wir als Inder hierherkommen, begegnen wir Pakistanern; wenn wir als Hindus hierherkommen, begegnen wir Muslimen, aber wenn wir als Menschen kommen, treffen wir überall, wo wir hingehen, Menschen. Während dieser Pilgerfahrt ist der Kosmos unser Land, die Erde unser Zuhause und die Menschlichkeit unsere Religion.«

Wie versprochen, holte uns Gulam Yasin am Tor der wunderschönen Shalimar-Gärten ab. Die Abendsonne war ein Feuerball hinter der majestätischen Freitagsmoschee. Die Luft war erfüllt vom Duft der Jasminblüten. Die Großzügigkeit der Natur wurde nur durch das großzügige Herz unseres neuen Freundes übertroffen.

Als wir durch die Stadt gingen, lud Gulam Yasin seine Freunde ein, erzählte ihnen von der Ankunft zweier idealistischer Inder, die sich aufgemacht hatten, für den Frieden um die Welt zu wandern. Einige seiner Freunde und Familienmitglieder versammelten sich in seinem Haus zu einem wunderbaren Festmahl mit vegetarischem Essen, obwohl Yasin und seine Familie keine Vegetarier sind. Es gab Safranreis mit Sultaninen, Mandeln und Kardamom, frisch im Tandoor-Ofen gebackenes Naan, Erbsen und Kartoffeln in Zwiebel-, Knoblauch- und Tomatensauce und andere köstliche Gerichte. Ich betrachtete an diesem Abend den Tisch und die mich umgebenden lächelnden Gesichter und stellte fest, dass wir an unserem allerersten Tag außerhalb Indiens im sogenannten Feindesland außerordentlich großzügig bewirtet wurden.

Und in den achtundzwanzig folgenden Monaten, in denen wir unterwegs waren, wurden wir von Fremden in ihren Jurten in 3.000 Metern Höhe in den Bergen des Hindukusch in Afghanistan mit größter Freundlichkeit aufgenommen, genauso wie in den Lehmhütten der kleinen Dörfer rund um die Oasen in den Wüsten Irans, in den schneebedeckten Landhäusern Armeniens und Georgiens, in den warmen Bauernhäusern Russlands, in den Hochhauswohnungen Moskaus und in den geschäftigen Städten und Vororten Europas. Ob wir nun in Berlin oder Bonn, in Paris oder London, in New York oder Washington, D. C. waren, es war die angeborene Großzügigkeit des menschlichen Herzens, die uns an all diesen Orten am Leben hielt, obwohl wir unterwegs waren, als der Kalte Krieg auf dem Höhepunkt war. Wir wurden in Privathäusern, in Jugendherbergen, in Krankenhäusern, auf Polizeistationen, in Kirchen und in Studentenwohnheimen untergebracht. Überall, wo wir hinkamen, wurden wir von Menschen, die wir nie wiedersehen würden und die keine Gegenleistung erwarteten, großzügig bewirtet. Dieses selbstlose Geben war auf unserer Reise nicht die Ausnahme, sondern die Regel. Vertrauen erzeugt Vertrauen. Liebe ruft Liebe hervor.

Wenn wir geboren werden, sind wir nackt und ungemein verletzlich. Und doch hat das gütige Universum in seiner Großzügigkeit unseren Müttern Milch in die Brust gegeben, zusammen mit dem Willen, ihre Babys zu schützen und zu nähren. Unsere Mütter tragen uns neun Monate lang im Mutterleib. Sie erleiden Geburtswehen, um uns in diese Welt zu bringen. Sie stillen uns die ersten Jahre unseres Lebens. Welches bessere Beispiel für die Großzügigkeit des Herzens könnte es geben? Und das alles nur aus Liebe. Jede Mutter ist eine Heldin. Für mich ist Mutterschaft gleichbedeutend mit Großzügigkeit; sie ist unser lebendes Beispiel für selbstlose Freigiebigkeit, Mütter sind die Verkörperung bedingungsloser Liebe. Wir müssen unseren Müttern unsere Dankbarkeit erweisen und sie ehren, indem wir ihr großzügiges Herz würdigen.

Großzügigkeit ist nicht nur eine menschliche Eigenschaft. Jeden Tag bin ich erstaunt Zeuge der Großzügigkeit der Natur. Vor dreißig Jahren habe ich einen Apfelsetzling gepflanzt. Aus dem winzigen Pflänzchen ist ein wunderschöner Baum geworden, der mir in den letzten zwanzig Jahren Jahr für Jahr Hunderte von Äpfeln geschenkt hat. Der Baum fragt nie nach einer Gegenleistung. Von den Bäumen lerne ich etwas über bedingungslose Liebe und Großzügigkeit.

Obst, Blumen, Getreide, Kräuter und Gemüse in Tausenden von Sorten, Farben, Geschmacksrichtungen und Formen ernähren uns Tag für Tag. Sie wachsen aus der Großzügigkeit des ergebenen Bodens. Und doch betrachten viel zu viele Menschen entweder aus Unwissenheit oder Überheblichkeit die Natur als selbstverständlich. Wir sollten uns der Großzügigkeit der Natur bewusst werden und unsere Dankbarkeit zum Ausdruck bringen. Danke den Bäumen, danke dem Boden, danke dem Regen, danke dem Sonnenschein, danke Mutter Natur, danke der Göttin Gaia.

Gegenseitigkeit und Austausch sind die Grundpfeiler des Hauses der Großzügigkeit. Da ich so viel von Fremden, von meinen Vorfahren und von der Natur bekommen habe, möchte ich gegenüber allen Fremden, die mir begegnen, großzügig sein. Ich möchte gegenüber den kommenden Generationen großzügig sein und ihnen etwas Gutes hinterlassen. Und ich möchte der Natur etwas zurückgeben, indem ich Bäume pflanze, in meinem Garten Boden aufbaue und regenerative Formen der Lebensmittelerzeugung wie Permakultur und Agrarökologie praktiziere.

Mögen alle Lebewesen auf dieser Erde, Menschen wie Nicht-Menschen, gut leben, in Frieden leben, Erfüllung finden und sich selbst verwirklichen. Mögen wir eine solche Großzügigkeit des Geistes in unseren Herzen kultivieren, für die gesamte Menschheit und für den ganzen Planeten.

Wie Pablo Picasso sagte: »Der Sinn des Lebens ist, es zu verschenken.«

29

Zehn Wege zur Liebe

Höre zu, ohne zu unterbrechen
Teile ohne Hintergedanken
Sprich, ohne anzuklagen
Freue dich ohne Einschränkung
Gib, ohne zurückzuhalten
Vertraue, ohne zu zweifeln
Bete ohne Unterlass
Vergib, ohne zu strafen
Antworte, ohne zu hadern
Versprich, ohne zu vergessen

ANONYM

DANKSAGUNG

Zuallererst gilt meine tiefste Dankbarkeit June Mitchell, meiner geliebten Frau und Lebensgefährtin seit mehr als fünfzig Jahren, die mir beim Schreiben von *Die Kraft der radikalen Liebe* sehr geholfen hat. Ich möchte meine tiefe Dankbarkeit gegenüber Claire und Roger Ash-Wheeler zum Ausdruck bringen, die mir ihr wunderschönes Haus am Meer in Cornwall, England, zur Verfügung gestellt haben, wo ich dieses Buch in einer ruhigen Umgebung vollenden konnte. Mein herzlicher Dank gilt auch Paul Maisano, der dieses Buch mit großem Geschick und großer Sorgfalt redigiert hat. Ohne Hisae Matsudas sorgfältige Überlegungen und ihre einfühlsame Betreuung bei der Zusammenführung aller notwendigen Elemente wäre dieses Buch nicht gelungen. Daher möchte ich Hisae und allen bei Parallax Press für ihre Hilfe und Unterstützung von ganzem Herzen danken.

Im weiteren Sinne möchte ich den Studenten und Fakultätsmitgliedern des Schumacher College danken, wo ich die Ideen von *Die Kraft der radikalen Liebe* in meinen Kamingesprächen und anderen Lehrveranstaltungen und informellen Gesprächen entwickelt habe. Gleichermaßen danke ich den Herausgebern und Lesern der Zeitschrift *Resurgence & Ecologist*. Viele meiner Ideen haben sich im Laufe der Jahre entwickelt, während ich für dieses Magazin schrieb. Unser Gedeihen beruht auf Gegenseitigkeit, und unsere Arbeit ist gemeinsames Schaffen. Das Buch trägt zwar meinen Namen, aber die Ideen und Inspirationen entstammen vielen Quellen.

Danke an Andreas, dass er meine Worte dem deutschsprachigen Publikum zugänglich macht. Auch war es mir eine große Freude, mit Laura zusammenzuarbeiten, die dieses Buch lektoriert hat. Es ist eine Ehre, bei Neue Erde veröffentlicht zu werden, einem Verlag, der sich sehr für ganzheitliche Perspektiven einsetzt.

ÜBER DEN AUTOR

SATISH KUMAR, ehemaliger Mönch und langjähriger Friedens- und Umweltaktivist, setzt seit mehr als fünfzig Jahren im Stillen die globale Agenda für den Wandel. Er war erst neun Jahre alt, als er sein Elternhaus verließ, um sich den wandernden Jains anzuschließen, und achtzehn, als er beschloss, in der Welt etwas zu erreichen, sich für eine Landreform in Indien einzusetzen und daran zu arbeiten, Gandhis Vision eines erneuerten Indiens und einer friedlichen Welt Wirklichkeit werden zu lassen.

Inspiriert durch das Beispiel des britischen Friedensaktivisten Bertrand Russell, begab sich Kumar mit Anfang zwanzig auf eine achttausend Meilen lange Pilgerfahrt für den Frieden. Ohne Geld und auf die Freundlichkeit und Gastfreundschaft von Fremden angewiesen, wanderten er und ein Freund von Indien über Moskau, London und Paris nach Amerika, um den Führern der vier damaligen Atommächte der Welt ein bescheidenes Päckchen »Friedenstee« zu übergeben.

1973 ließ sich Kumar im Vereinigten Königreich nieder und wurde Redakteur der Zeitschrift *Resurgence* (später bekannt als *Resurgence & Ecologist*), eine Aufgabe, die er bis 2016 wahrnahm, was ihn zum dienstältesten Chefredakteur einer Zeitschrift im Vereinigten Königreich macht. In dieser Zeit war er die treibende Kraft hinter einer Reihe von mittlerweile international angesehenen ökologischen und pädagogischen Projekten. Er ist Mitbegründer des Schumacher College, eines internationalen Zentrums für ökologische Studien, wo er bis heute als Gastdozent tätig ist.

Seine Autobiografie *No Destination*, die erstmals 1978 bei Green Books erschien, hat sich über fünfzigtausend Mal verkauft. Er ist auch der Autor von *You Are, Therefore I Am; The Buddha and the Terrorist; Earth Pilgrim; Boden, Seele und Gesellschaft* und *Elegante Einfachheit: Die Kunst, gut zu leben.*

Er unterrichtet bis heute und leitet Workshops über ehrfürchtige Ökologie, ganzheitliche Erziehung und freiwillige Einfachheit und ist ein gefragter Redner im Vereinigten Königreich und weltweit.

Im Jahr 2022 wurde Satish Kumar in Anerkennung seines lebenslangen Engagements für ökologische Regeneration, soziale Gerechtigkeit und spirituelle Erfüllung mit dem Goi Peace Award ausgezeichnet. Durch seine Schriften und Bildungsaktivitäten und als Verkörperung ökologischer und spiritueller Prinzipien des einfachen Lebens hat er viele Menschen inspiriert, sich zu verändern, um die Welt zu verändern.

Die Anmut der Einfachheit leben

Elegante Einfachheit bietet eine in sich stimmige Lebensphilosophie, die die Einfachheit des materiellen Lebens, des Denkens und des Geistes miteinander verbindet. Darin destilliert Satish Kumar fünf Jahrzehnte des Nachdenkens und der Weisheit in einen Leitfaden für jedermann, der Folgendes beinhaltet:

- die ökologischen und spirituellen Prinzipien des einfachen Lebens,
- Ablegen von »Zeug« und seelischem Ballast,
- den Geist und das Herz für den tiefen Wert von Beziehungen öffnen,
- Verankerung der Einfachheit in allen Aspekten des Lebens,
- Wissenschaft und Spiritualität zu einer kohärenten Weltanschauung verschmelzen.

Satish Kumar
Elegante Einfachheit
Die Kunst, gut zu leben
Klappenbroschur, 208 Seiten
ISBN 978-3-89060-834-1

Weitere Bücher von Satish Kumar in Vorbereitung
Melden Sie sich einfach zu unserem Newsletter an:
www.neue-erde.de

Philanthropie als Deckmantel für ungezügelten Kapitalismus

In diesem Buch werden Beweise zusammengetragen und die Gefahren aufgezeigt, die von philanthropischen »Entwicklungen« ausgehen, die von Konzernen und einzelnen Milliardären in den Bereichen Agrartechnologie, Ernährung, Wissen und globale Gesundheitssysteme betrieben werden. Diese Art von Philanthropie ermöglicht es einigen wenigen »Auserwählten«, Informationen und die Politik für ihren eigenen Profit zu manipulieren und damit Demokratien und Gesellschaften auf der ganzen Welt zu untergraben.

Vandana Shiva (Hrsg.)
Philanthrokapitalismus und die Aushöhlung der Demokratie
Ein globaler Bürgerbericht über die Kontrolle von Technologie, Gesundheit und Landwirtschaft durch Konzerne
Klappenbroschur, 320 Seiten
ISBN 978-3-89060-835-8

Von der Ausplünderung zur Regeneration

In diesem Buch trägt Vandana Shiva ihre Themen mit Nachdruck und im Lichte der aktuellen Ereignisse vor. Und sie macht deutlich, dass es nicht damit getan ist, das derzeitige Wirtschaftssystem zu reformieren. Denn was wir derzeit haben, ist keine Ökonomie im Sinne von Oikos, dem gemeinsamen »Haus« unserer Erde, dem Haushalt der Natur, den die Ökologie beschreibt. Was »Wirtschaft« und »Wachstum« genannt wird, ist Extraktvismus, Plünderung der Lebensgrundlagen, ein Zehren von der Substanz.

Vandana Shiva
Wahre Wirtschaft
Von der Geldgier zu einer Ökonomie der Fürsorge
Hardcover, 304 Seiten
ISBN 978-3-89060-820-4

Landwirtschaft: vom Problem zur Lösung

In Agrarökologie und regenerative Landwirtschaft zeigt Vandana Shiva die wahren Kosten des industrialisierten landwirtschaftlichen Produktionsmodells auf – von den negativen Auswirkungen auf die Umwelt, die Wirtschaft und die menschliche Gesundheit. Wir können es uns nicht leisten, diesen Weg weiter zu beschreiten. Shiva zeigt uns, wie zwingend notwendig es für die Menschheit ist, eine regenerative Landwirtschaft zu betreiben. Eine Pflichtlektüre für alle, die sich Sorgen um unsere Zukunft machen.

Vandana Shiva
Agrarökologie und regenerative Landwirtschaft
Nachhaltige Lösungen für Hunger, Armut und Klimaveränderungen
Mit einem Vorwort von Hans Rudolf Herren
Klappenbroschur, 384 Seiten
ISBN 978-3-89060-842-6

Agrarökologie versus Agrarindustrie

In dieser Abrechnung der Wissenschaftlerin und Aktivistin Vandana Shiva wird eindrucksvoll dargelegt, wie die Agrargroßindustrie mit Chemie und Gentechnik den Planeten plündert, die Lebenswelt zerstört und unsere Gesundheit untergräbt. Und sie zeigt faktenreich und sachkundig auf, wer wirklich unsere Nahrungsgrundlage sicherstellt und wie wir den Hunger besiegen und unsere Nahrungssicherheit wiederherstellen können.

Vandana Shiva
Wer ernährt die Welt wirklich?
Das Versagen der Agrarindustrie und
die notwendige Wende zur Agrarökologie
Mit einer aktuellen Ergänzung zu Ag One:
Die Rekolonialisierung der Landwirtschaft
Klappenbroschur, 256 Seiten
ISBN 978-3-89060-798-6

Einssein versus das 1%

In diesem klug auf Fakten aufgebauten Buch zeigt Vandana Shiva, wie eine kleine Gruppe superreicher Einzelpersonen, Stiftungen und Investmentfirmen die Kontrolle über unsere Lebensmittelversorgung, unser Informationssystem, unser Gesundheitswesen und unsere Demokratien immer weiter ausbaut. Die Autorin macht sehr deutlich, dass unser Überleben von der Vielfalt unseres Saatgutes und dass unsere Demokratien von einer aufgeklärten Öffentlichkeit abhängen. Es ist ein sehr leidenschaftlicher, weiblicher wissenschaftlicher Diskurs, der eine globale Leserschaft verdient.

Vandana Shiva, Kartikey Shiva
Eine Erde für alle! – Einssein versus das 1%
Aufstehen gegen die Monokultur von Wirtschaft und Weltsicht
Klappenbroschur, 192 Seiten
ISBN 978-3-89060-797-9

Erinnerungen einer der großen Aktivistinnen unserer Zeit

Ihr gesamtes Lebenswerk ist von einer tiefen Liebe zum Leben und zur Freiheit durchdrungen. Es ist diese Liebe, die sie anspornt, all das zu verteidigen, was von Unfreiheit bedroht ist – Wälder, Flüsse, Saatgut, Boden, Biodiversität und auch die Menschen, die davon leben. Zusammen mit der quantenphysikalischen Erkenntnis, dass alles miteinander verbunden, alles eins ist, weiß sie Herz und Intellekt zu einer unschlagbaren Waffe im Kampf für das Leben zu vereinen.

Vandana Shiva
TERRA VIVA
Mein Leben für eine lebendige Erde
Hardcover, 248 Seiten
ISBN 978-3-89060-829-7

Zu schön um wahr zu sein: Der grüne Schein trügt

In diesem Buch legen Jensen und seine Mitautoren haarklein dar, dass all die »Lösungen« schöner Schein sind und weit davon entfernt, in eine grüne Zukunft zu führen. Je länger wir vor dieser Wahrheit davon- laufen, desto schmerzhafter wird das Erwachen sein. Die Autoren dieses Buches fordern nichts anderes, als dass wir unsere Lebensweise grundlegend revidieren und uns auf die einzig wirkliche grüne Energie besinnen: Das Blattgrün der Pflanzen, die Sonnenlicht in Energie und in Nahrung verwandeln. Dieses Grün hat uns über die Jahrhunderttausende unseres Menschseins am Leben erhalten.

Derrick Jensen, Lierre Keith, Max Wilbert
Schöner grüner Schein
Warum »grüne« Technologien derselbe Irrweg in Grün sind
Klappenbroschur, 526 Seiten
ISBN 978-3-89060-838-9

Botschaften aus dem Herzen der Welt

Das Buch zeichnet sich durch die reinen Worte der Kogi-Weisen aus, die in längeren Zitaten direkt zum Leser sprechen. Die einzelnen Kapitel werden jeweils durch die Erläuterungen des Autors zu diesen Worten und ihrer Bedeutung vervollständigt, ergänzt durch die Erlebnisse in den Hütten und Dörfern dieses ursprünglichen Volkes.

Lucas Buchholz
Kogi
Wie ein Naturvolk unsere moderne Welt inspiriert
Klappenbroschur, 272 Seiten
ISBN 978-3-89060-761-0

Unsere Zukunft ist lokal – oder sie ist nicht

Vor uns liegen zwei diametral entgegengesetzte Wege: Der eine führt uns unerbittlich in Richtung einer rasanten, groß angelegten monokulturellen technologischen Entwicklung. Es ist ein Weg, der uns voneinander und von der natürlichen Welt trennt und unseren sozialen und ökologischen Niedergang beschleunigt. Auf dem anderen Weg geht es darum, langsamer zu werden, sich zurückzunehmen und eine tiefe Verbundenheit zu fördern, um die sozialen und wirtschaftlichen Strukturen wiederherzustellen, die für die Befriedigung unserer materiellen sowie tieferen menschlichen Bedürfnisse nötig sind – und dies auf eine Weise, die den einzigen Planeten, den wir haben, hegt und pflegt.

Helena Norberg-Hodge
Lokal ist unsere Zukunft
Schritte zu einer Ökonomie des Glücks
Klappenbroschur, 184 Seiten
ISBN 978-3-89060-819-8

Die Neue Erde manifestieren

Angesichts der Notlagen in der Welt – Krieg, Artensterben, Klimazerrüttung und mehr – ist heute nichts notwendiger, als das Bild einer glücklichen, lebenswerten und erfüllenden Zukunft erstehen und aus dieser Vorstellung heraus Wirklichkeit werden zu lassen: zu manifestieren. Dieses Buch entwirft eine Vision mit riesigem Wachstumspotential, und wir alle sind aufgerufen, unsere Welt von morgen bereits heute zu erträumen – und zu erschaffen.

Catharina Roland, Coco Tache
Das Manifest der Neuen Erde
Hardcover, 208 Seiten, durchgehend mit farbigen Fotos
ISBN 978-3-89060-824-2

Die Lebensprozesse eines gesunden Planeten
Nur die eine Erde erklärt die planetarischen Lebenserhaltungssysteme in ihrer Ganzheit, bietet eine umfassende Gesamtdarstellung der globalen ökologischen Krise und zeigt die uns verbleibenden Optionen auf, um ein zuträgliches Klima und die noch vorhandene Artenvielfalt zu retten, die Verseuchung zu beenden und die Ökosphäre dieses Planeten zu heilen. Auch das Gleichgewicht der menschlichen Gesundheit können wir nicht vom Gleichgewicht des Planeten trennen, denn »die Gesundheit des Menschen beruht auf der Gesundheit des Planeten«. Diese Erkenntnis setzt sich immer mehr durch: bei der UN, der WHO und in den kritischen Medien. Es ist nicht nur unsere Gesundheit, die zusehends schwindet, sondern das ganze Netz der Lebenserhaltungssysteme der Erde.

Fred Hageneder
Nur die eine Erde
Globaler Zusammenbruch oder globale Heilung – unsere Wahl
Klappenbroschur, 376 Seiten
ISBN 978-3-89060-796-2

Positives ist machbar!
Alternative Lebensformen, wie sie in den Ökodörfern weltweit erprobt werden, schaffen Modelle gelebter Nachhaltigkeit. Angesichts von Klimawandel, Armut, Einsamkeit und Krieg arbeiten sie an Lösungen und erproben sie im wirklichen Leben – meist mit einfachen Mitteln, aber oft mit spektakulären Ergebnissen. In diesem Buch stellen wir eine Auswahl von Ökodörfern aller Kontinente vor, die einen Eindruck vom Reichtum und der Vielfalt der Bewegung geben.

Kosha Anja Joubert, Leila Dregger
Ökodörfer weltweit
Lokale Lösungen für globale Probleme
Klappenbroschur, 192 Seiten, mit vielen farbigen Fotos
ISBN 978-3-89060-664-4

Hier kann man sich zum **Neue Erde-Newsletter** anmelden:
newsletter.neueerde.de/anmeldung

NEUE ERDE im Buchhandel

Neue Erde ist ein kleiner unabhängiger Verlag, und der unabhängige Buchhandel ist unser natürlicher Partner. Wir unterstützen die Initiative »buy local«.

Sollte es Lieferschwierigkeiten bei den Büchern von NEUE ERDE geben, lassen Sie immer im VLB (Verzeichnis lieferbarer Bücher) nachsehen, im Internet unter **www.buchhandel.de**

Alle lieferbaren Titel des Verlags sind für den Buchhandel verfügbar.

Sie finden unsere Bücher auch auf unserer Homepage **www.neue-erde.de** oder in unserem Gesamtverzeichnis, welches Sie gerne hier anfordern können:

NEUE ERDE GmbH
Cecilienstr. 29 · 66111 Saarbrücken
info@neue-erde.de